Intime

CARLA
DE
COIGNAC

Intime

éditions du
ROCHER

Toutes les illustrations à l'intérieur de l'ouvrage et l'illustration de couverture ont été réalisées par Mahaut de Coignac

Éditions du Rocher
28 rue Comte-Félix-Gastaldi – BP 521 – 98015 Monaco

www.editionsdurocher.fr

ISBN : 978-2-268-11243-5
EAN Epub : 9782268112800

À *Tilka, Manou, Nana, Boum et* Minnie.

À *ceux par qui tout a commencé,*

À *ceux dont les gestes et l'amour ont permis que naissent les êtres qui aujourd'hui illuminent ma vie.*

Introduction

Tout le monde a une histoire à raconter. Nous sommes tous reliés par un fil invisible, à travers nos souffrances, nos joies et nos peurs. Et pourtant, je m'aperçois que nous vivons dans la solitude. Ma chance a été, à de nombreuses reprises, de me sortir des ténèbres grâce à quelques clés accessibles à toutes et à tous.

Je m'appelle Carla Benoit de Coignac, j'ai 25 ans et j'écris des chansons sur les maux du commun des mortels, sans les rendre pour autant ni communs, ni mortels.

Il y a quelque temps, à l'automne 2022, je lançais la série des « *Intime* » sur mon compte Instagram. Un concept original. Avec ma communauté, nous choisissons un thème, nous en discutons autour de témoignages envoyés, de phrases motivantes et de conseils, puis j'écris une chanson à l'aide des mots que mes abonnés m'auront imposés au préalable.

Le but principal de cet ouvrage est de propager ces clés, de redonner de l'espoir et de diffuser la paix. Mais ce livre est aussi un « cahier », un « carnet », de mots et de création. En écho à des thèmes universels, il a pour dessein de vous permettre d'écrire vos propres chansons, vos poèmes, vos inspirations.

Je veux aider

Je veux révéler aux gens leur force intérieure et les aider à trouver les moyens opportuns pour avancer sans doute et sans peur. Je veux apporter aux autres les conseils et l'aide qu'on a pu m'apporter quand j'étais dans le besoin. J'ai à cœur de diffuser des messages, à travers mes chansons, qui puissent donner de l'espoir. « Tu n'es pas seul », « Tu es sur la bonne voie », « Tu trouveras la joie ». Des petites phrases anodines qui peuvent changer la vie. J'aimerais que, comme moi, les personnes en souffrance réapprennent à apprécier les petites joies du quotidien comme un rayon de soleil, une jolie fleur, un oiseau qui chante, la pluie qui tombe délicatement sur le toit et qui nous invite à nous emmitoufler dans une couverture… Tous ces petits instants qui, une fois accumulés dans le panier imaginaire de notre cœur, constituent une réelle guérison. La perspective d'aller mieux est un trésor inestimable. Je veux faire naître des rêves et anéantir les doutes. Et ce désir inébranlable d'aider les autres à trouver la lumière sur leur chemin m'est apparu lorsque j'étais moi-même noyée dans les ténèbres de mes tourmentes.

La musique et les mots/maux

Mon père, journaliste, s'est amusé à m'interviewer et me filmer un après-midi de l'année 2015 dans le jardin de notre maison à Cahors. On me voit à 16 ans assise devant la table du jardin. Il fait un temps de début d'été, le soleil orangé donne à l'image une sorte de nostalgie réconfortante. Les oiseaux chantent, la verdure m'entoure. J'ai l'air apaisé, comme tout juste sortie d'une longue sieste que seuls les adolescents innocents peuvent se permettre de faire. D'abord, mon père me parle de politique. Il me demande comment je vois ce monde qui nous entoure, si je suis satisfaite de mon gouvernent, et ce que je pense du vote blanc. Ma réponse est immédiate : « Je ne sais pas, à vrai dire je ne suis pas tellement concernée par la politique, je pense être trop jeune. J'ai juste le sentiment qu'ils ne sont pas très honnêtes avec nous. Je pense que le vote blanc a son intérêt, dans la mesure où il est comptabilisé, car il nous permet de démontrer notre désaccord avec ce qui nous est proposé. » Chaque mot est accompagné de tout un langage corporel, qui démontre très clairement mon malaise et ma bonne volonté de dire des choses intéressantes. Une main dans les cheveux qui les emmêle, le regard fuyant, un petit sourire figé, et une façon bien à moi de me tortiller sur ma chaise. C'est alors que mon père me surprend avec une nouvelle question. Ses mots ont résonné en moi comme une déflagration sourde ébranlant mes fondations : « Et la musique ? » J'ai répondu avec une certaine nonchalance : « Non, la musique, c'est juste comme ça, un passe-temps. »

Peu de temps après, mon monde s'est écroulé. J'ai pris au visage ce que je fuyais depuis quatre ans : la mort de ma mère. J'ai tout à coup réalisé qu'elle ne reviendrait jamais. Le déni n'était plus envisageable, mon inconscient avait décidé qu'il était temps de voir la réalité telle qu'elle était : fatale. S'en est suivie une très lourde dépression de deux années durant lesquelles je ne me nourrissais plus, je ne sortais plus, je ne me regardais plus, je ne souriais plus, je ne rêvais plus, je n'aimais plus, mais j'écrivais. J'écrivais des centaines de milliers de lignes sur des feuilles que j'accrochais aux murs de ma chambre. À chaque crise d'angoisse, le seul moyen de ne plus me concentrer sur mes sensations physiques était d'écrire de manière effrénée. Je collais mon visage à quelques centimètres et je laissais aller mon stylo. Il m'a fallu peu de temps avant de tapisser entièrement les murs de ma chambre. C'était mon seul moyen de respirer. Je sentais les mots m'envahir et leur poids peser sur mon cœur, me rendre de plus en plus lourde. Il me fallait un moyen de les laisser sortir, de m'alléger. Parfois, lorsque tout me paraissait insurmontable, je prenais un cahier, un stylo, un litre de café et j'allais m'installer sur la terrasse de ma maison isolée sur le haut d'une montagne. Je regardais la vue quelques instants, elle paraissait me promettre un avenir radieux, avec des nuages traversés par des rayons de soleil dorés. La nature dansait au rythme des musiques de Joe Hisaishi. Toutes les circonstances étaient réunies pour que mon cœur s'apaise.

Dans cette période où tout sembler allait pour le mieux, j'ignorais encore que la musique ou plutôt l'écriture me sauverait la vie. J'ai réussi à mettre des mots sur mes émotions envahissantes, leur permettant de trouver leur chemin hors de ma tête. Je me perçois un peu comme un passeur d'âme, mais ce sont les mots que je guide, les invitant à quitter l'esprit. Aujourd'hui, je suis capable de me délester de mes maux, mais aussi d'aider les autres à s'en affranchir.

C'est pour cette raison que j'ai créé *Intime*, pour vous permettre de devenir à votre tour, « Passeurs de mots/maux ».

CHAPITRE 1

Les rêves *et* la réussite

laoreet sit amet cursus. Urna condimentum mattis pel-
ntesque id nibh tortor.
Sit amet dictum sit amet justo donec enim diam vulpu-
tate. Ullamcorper malesuada proin libero nunc consequat.
Tempus imperdiet nulla malesuada pellentesque.
Bibendum at varius vel
sollicitudin nibh sit
facilisis mauris sit. Eget magna fermentum
tincidunt augue interdum velit euismod

Les rêves sont des fleurs qu'il faut nourrir quotidiennement, qui ne survivent qu'arrosées d'espoirs et qui ne fanent que si l'on les délaisse.

Celui qui ne rêve pas ne peut prétendre à la réussite, celui qui rêve a déjà réussi.

Mon vécu et mes réflexions

Chacun deale avec ses propres démons, et cherche tant bien que mal à comprendre sa nature profonde. Mais nous n'oublions que trop souvent que notre force réside dans la capacité que nous avons à transformer le poison en élixir. Oui, nous avons tous et toutes cette capacité. Il réside en chacun un moyen de s'affranchir des conditionnements et d'anéantir les limites que nous nous imposons. Certains dessinent, d'autres dansent, d'autres encore font du sport. Moi, j'écris. J'écris des morceaux de texte, des chansons, des poèmes, des idées et des rêves.

Rêver peut éventuellement nous décevoir, mais à coup sûr nous surprendre. Je suis une rêveuse dans l'âme. Pour le meilleur comme pour le pire, je vis ma vie comme dans un film. Oui, comme toi, quand tu es au café et que tu bois un matcha avec ton ordinateur et ta musique, ou que tu regardes par la fenêtre du train en romançant ton existence. Ça m'a souvent aidée et parfois porté préjudice. Mais je crois avant tout qu'avoir rêvé ma vie m'a permis de mieux ressentir tout

aujourd'hui.

j'ai encore espoir aujourd'hui.

ce qui m'entoure. J'ai voulu ce que j'ai, ou du moins j'ai senti inconsciemment que j'en avais besoin.

J'ai développé une théorie selon laquelle notre « soi établi », celui qui est la version de nous la plus déterminée, nous envoie des signes à travers des expériences, des obstacles et des événements inattendus, comme pour nous guider vers l'accomplissement de notre être profond. Lorsque nous expérimentons une peine de cœur, un deuil ou un traumatisme qui définira *in fine* notre façon de nous comporter face à de pareilles situations, notre capacité à réagir devient un réflexe qui nous permettra de prendre de nouvelles décisions, parfois radicales, qui nous guideront vers notre accomplissement personnel. En somme, lorsque je me plonge à nouveau dans une relation qui s'avérera toxique et destructrice, c'est un peu comme si la *Carla* du futur m'envoyait des signes pour que je sorte enfin de cette boucle infernale et que je me rapproche de moi.

D'aucuns appelleront ça : *la destinée.*

J'ai tendance à penser que nous avons, d'une manière ou d'une autre, attiré ce qui construit notre quotidien. Nos pensées sont créatrices si elles sont emplies d'une intention bien précise. Je vis dans un monde que j'ai construit de toutes pièces, où les paysages sont des poésies et les histoires d'amour une priorité. J'ai créé ma sensibilité à travers mes peines et mes peurs, ma joie à travers ma famille et mes amis, là où d'autres y associent l'angoisse et l'enfermement. Pleurer est une force, là où certains n'y voient qu'une faiblesse. L'amour me fait vivre quand d'autres le ressentent comme une (con) damnation. Les obstacles, je les transforme en opportunités, là où ils ne sont perçus que comme malchance ou malédiction.

Là où il y a des obstacles, il y a des victoires. En amour, par exemple, certaines personnes ont cette impression qu'elles ne tombent que sur des relations désastreuses et toxiques, et que cette boucle infernale les dépasse. Pourtant, je pense qu'elles ont la capacité d'en sortir si elles le désirent du plus profond de leur cœur. Si elles rêvent à mieux avec l'intention d'aimer. Je suis tombée sur un livre un jour qui a confirmé cette intuition et qui, enfin, m'a permis d'accepter d'être heureuse en amour sans devoir en souffrir : *La Clé de votre énergie*, de Natacha Calestrémé. Je vous encourage à découvrir cette merveille.

J'ai vécu des expériences profondément douloureuses, cependant je me suis toujours forcée à rêver. Soit pour m'évader loin de cette peine immonde et inconsolable, soit pour tenir debout dans ces jours sombres où rien ne semblait aller. Ces jours glacés que même un brasier ne saurait réchauffer. Ces journées longues comme des siècles où, la peur au ventre, nous restons là sans rien faire physiquement, car tout est en perpétuel mouvement dans notre esprit. Ce corps inerte, vide et pâle, qui semble pouvoir se briser d'un simple claquement de doigts. Pourquoi vivre si ce n'est pas pour rêver à mieux

j'ai encore aujourd'hui espoir.

que ça ? Les rêves sont sans limites. Façonnés par notre imagination, ils ont le pouvoir de nous propulser dans des états de grâce inégalables. Ils naissent dans nos esprits et paraissent d'abord irréalisables, puis, nous gorgeant d'un souffle de vie nouveau, ils nous poussent à dépasser nos limites et à quêter les moyens de les mettre en œuvre, pour enfin devenir réalité. Et lorsque le rêve est réalisé, il paraît tout à coup bien moins magique. Alors nous rêvons à nouveau. Et nous faisons encore l'amour à la vie dans une éternelle et savoureuse répétition.

Aujourd'hui, je suis chanteuse, parolière, compositrice, auteure, entrepreneuse, j'ai écrit des chansons pour de grands artistes, comme Mika et Louane, et je suis en train de rédiger mon premier livre. Si mon corps est toujours aussi fragile et manque de se briser chaque jour, mon esprit, lui, s'est endurci, bien qu'il soit toujours incontrôlable. J'ai une vie extraordinaire, emplie d'expériences folles, qui me poussent à rêver encore et encore. Cette vie, pourtant, je ne me serais jamais permis de la rêver quand j'étais petite.

J'ai toujours été une angoissée. Enfant, je faisais de terribles cauchemars qui me tétanisaient et l'anxiété était telle qu'elle a fini par être constitutive de mon être, comme une part (d'ombre) de ma personnalité. J'avais peur de tout et tout le temps. Peur du noir la nuit, peur de me faire kidnapper en rentrant de l'école, peur de croiser des âmes errantes si je montais chercher mon doudou toute seule dans la chambre. Peur du regard des autres, peur d'être comme les autres, mais

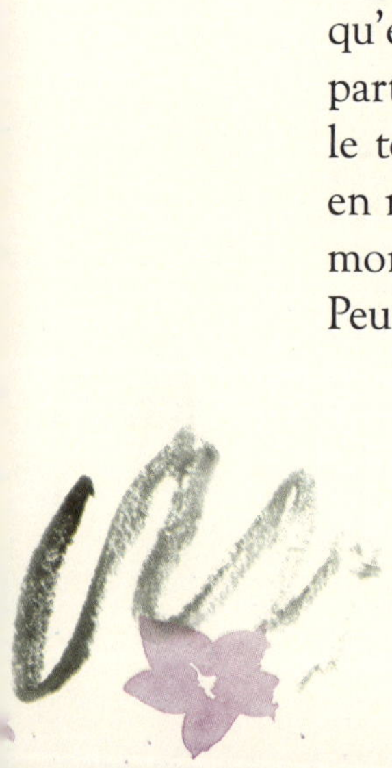

peur d'être différente. Toutes ces peurs alimentées par un imaginaire débordant se sont ancrées en moi avec une telle ténacité que j'ai développé un désir irrépressible de paix. Mener une vie simple et calme pour être certaine que je ne risquerais rien. Voilà ce qu'était, pour moi et à ce moment de vie, le modèle de réussite idéal. Jusqu'à mes 17 ans, mon rêve était d'ouvrir une petite boutique dans le sud de la France dans laquelle les gens pourraient à la fois boire un thé, lire des romans ou des recueils de poésie et acheter des fleurs. Un lieu calme et propice à la paix. Moi, en tout cas, j'en étais convaincue. Pas mon père.

Je suis née dans une famille d'artistes. Ma mère était graphiste et mon père journaliste. Mon père m'a d'ailleurs enseigné qu'être artiste n'est pas une discipline, mais un état d'esprit, une philosophie. Tu peux transcender chaque expérience de ta vie et en faire une œuvre d'art. Dans notre famille, on abordait la création de manière holistique. Nous déclinions cet art de vivre à travers tout ce qui pouvait être perçu avec sensibilité. C'est dans cet état d'esprit que j'ai grandi, et pour y rester fidèle, mes parents ont fait en sorte que mes sœurs et moi nous puissions un peu toucher à tout. Danse, gymnastique, sport de combat, dessin, musique.

J'ai commencé la guitare à l'âge de 7 ans à l'école de musique d'Alfortville, dans le Val-de-Marne. J'ai choisi cet instrument pour ma mère. Elle espérait que je lui interprète de jolies mélodies brésiliennes. Je n'en suis toujours pas capable.

Cependant, aujourd'hui et grâce à ma mère, je compose mes propres chansons et des milliers de gens les écoutent.

Mon père s'est très vite aperçu que je ne me contentais pas de jouer les morceaux que j'apprenais à l'école de musique. Je chantais par-dessus les petits poèmes que j'écrivais quand j'avais un peu de temps libre. Mon père avait une vision. « Ma fille sera une grande artiste, elle influencera sa génération, montera les marches de Cannes et gagnera les plus grandes récompenses musicales et artistiques. » Il avait cette conviction que j'avais une mission à accomplir sur cette terre. D'aucuns diront que c'est un papa fou de sa petite princesse pour laquelle aucun horizon n'est intouchable. Moi, je préfère penser qu'il a su avant moi ce qui, au fond, était mon rêve le plus absolu. Il savait quelle était ma nature profonde, et il était convaincu qu'un jour j'accepterais de laisser brûler cette flamme qui étouffait au creux de ma poitrine.

Lorsque je suis née, mon grand-père s'est penché au-dessus de mon berceau, il m'a regardée longuement et, avec une assurance déconcertante, a prononcé ces mots : « Celle-ci sera une star. » Il disait que quelque chose brillait dans mes yeux, quelque chose d'inexplicable. Que je portais dans le regard une flamme indomptable, capable d'embraser le monde ou d'éclairer mon chemin, selon la manière dont je saurais la dompter. Je ne l'ai pas connu bien longtemps, mais je dois lui reconnaître qu'il ne lui a fallu qu'un regard pour décrire l'entièreté de ma personnalité.

Yes !

Je ne peux pas mieux définir la raison pour laquelle je me suis toujours empêchée de rêver trop grand. Cette flamme. Cette fameuse flamme. En effet, plus le temps passait, plus je grandissais, plus je tentais de fuir mon destin, plus la vie n'a cessé de me rappeler à moi, en envoyant sur mon chemin des signes que je n'aurais jamais pu ignorer. J'ai donc décidé d'écouter ces signes, aussi fous soient ils, et d'accepter de rêver. Aucune flamme ne me brûlera, aucun obstacle ne m'arrêtera, aucun monde ne m'ignorera. La paix m'attend, je rêve de paix. Mais pour y parvenir, je rêve de brûler.

~~j'ai faim.~~

Ça, c'était avant.

La voix de mes abonnés

Je suis encore bouche bée de la bienveillance de ma communauté Instagram. Ils participent au développement du thème de l'intime à travers des questions que je leur pose en story chaque jour. Leurs réponses me donnent une force incommensurable et deviennent un carburant pour avancer. Ils ne savent pas à quel point ils m'aident et me font du bien. J'ai voulu, à travers ce cahier, partager avec toi certains de leurs mots qui t'offriront à coup sûr une énergie fabuleuse qui redimensionnera ta journée.

Tu trouveras ici les témoignages, techniques et mots d'encouragement de mes abonnés Instagram. Je t'invite à les lire le plus souvent possible pour te charger d'énergie positive, pour t'apercevoir que tu n'es pas seul dans ta situation et pour ne pas oublier à quel point tes rêves méritent que tu te battes.

Entoure en rouge les phrases qui résonnent en toi et essaie de les lire au moins trois ou quatre fois chaque semaine. Imprègne-toi de cette énergie positive et n'oublie jamais que ta force est dans l'unité.

Comment trouver ma passion ou ma mission de vie ?

Faire toujours ce qui nous donne de l'énergie.. aller vers ce qui nous donne envie mm si c'est nouveau ..

Sortir du cadre imposé par la société éducation les autres, car c'est là qu'on se trouve soi même

Convictions

Self care and self love 🫶

jordan__dcs

Être en accord avec soi, parfois la réponse est à nos côtés mais ça peut prendre du temps.

oui !!!

Ne pas chercher à tout contrôler, faire confiance à la vie, aux belles rencontres, aux signes du destin. ♡

Ouvrir son cœur 💖

Ne pas chercher à trouver absolument, tester, expérimenter, S'AMUSER ☀️

Youpiii !

Que dirais-tu à quelqu'un qui ne croit plus en ses rêves, et qui pense que sa réussite est réduite à néant ?

La plus belle croyance que tu peut avoir c'est celle que tu place en toi alors crois en toi ! 🩶

Tu es capable de croire en toi car qu'il le fera a ta place ? Tu es incroyable, vibre et tout vibrera atoi

Tu es en vie alors lève toi et va accomplir tes rêves

« Too young to know it gets better »

Ne cesse jamais d'y croire 💪✨

Que l'espoir demande du courage et que nos rêves valent le coup de se battre. Une marche après l'autre

C'est lorsqu'on est au plus bas que les opportunités apparaissent

Qu'il ne faut pas lâcher . JAMAIS. Car tout arrive au bon moment.

Si tu y crois pour les autres, pourquoi ne pas y croire pour toi même ?

Quand tu crois être enterré, en réalité tu es planté. Sert toi de se que tu as pour pousser

Veux tu vraiment abandonner un avenir dont tu ne sais rien ? Demain est un autre jour, un autre espoir 🧡

Respire, ça va aller!

Quels ont été les obstacles à ta réussite ?
Quelles sont tes techniques pour les dépasser ?

La peur de ne jamais être assez - En apprenant à m'aimer et à ÊTRE juste être

Me sociabiliser et me stabiliser. Reste encore à savoir exprimer les sentiments. Mais ça, c'est dur.

La maladie, mon cancer - en gardant la foi

Le pire obstacle est de ne pas savoir lâcher prise et pour l'instant on travaille encore 🥲

Moi même. Je les aies franchi en me confrontant, en sortant de ma zone de confort 🫶💘

j'ai encore espoir aujourd'hui.

MA CRÉATION

Les mots imposés par mes abonnés sont en gras italiques.

Aie ***confiance***, continue d'***y croire***
Car sans ***espérance***, nulle ***victoire***
Les rêves d'***enfance*** ne peuvent pas ***décevoir***
Et tout prendra ***sens*** si tu gardes ***l'espoir***

Derrière les ***nuages*** au sommet d'une ***montagne***
Sommeille le ***courage*** qui te doit des ***médailles***
Pour te rendre ***fière*** de ton ***cœur d'ambition***
Croire en ta ***lumière*** est ***moteur*** de ***passion***

Rêve ***amour***, ***bonheur***, rêve ***fort***
Pour que ton ***parcours***, comme une ***fleur***, puisse ***éclore***
Supprime la ***peur*** pour attirer la ***gloire***
Sublime ta ***valeur*** et continue d'y ***croire***

Crois en ton ***étoile***
La ***vie idéale***
Promets de ***persister***
Ne pose plus d'***attentes***
Promets-moi de ***voler***
Comme une ***étoile filante***

TA CRÉATION

À ton tour ! Tente d'écrire ton propre texte avec les mêmes mots imposés que moi. Tu n'es pas obligé.e de tous les inclure.

N'oublie pas qu'il n'y a aucun style à respecter, tu es totalement libre de créer. Fais-toi surtout du bien, cherche au fond de toi les émotions que tu aimerais exprimer sur le thème des rêves et de la réussite.

Tu peux écrire sous forme de lettre, de poème, de chanson, de petites notes… Pour t'aider un peu, pose-toi ces questions : À qui je m'adresse ? (Moi-même, famille, amis, amour…) Quelle est l'émotion principale que je veux retranscrire ? Quelles sont les images que je vois en pensant à ce thème ? Qu'est-ce que j'ai besoin de dire ? Comment je vois la réussite et les rêves ?

oui !!

Youpiii !

Mots imposés : confiance, y croire, espérance, victoire, enfance, décevoir, sens, espoir, nuages, montagne, courage, médaille, fière, cœur, ambition, lumière, moteur, passion, amour, bonheur, fort, parcours, fleur, éclore, peur, gloire, sublime, valeur, croire, étoile, vie, idéale, persister, attentes, voler, étoiles filantes.

CHAPITRE 2

La confiance *en soi*

à retenir !

« Tu es celui qui doit vivre avec toi-même.
Sois sûr de pouvoir te regarder en face. »

La ligne verte (de Frank Darabont, 1999)

~~Comment est le gore ;~~

RAHHAAAAAH

Mon vécu et mes réflexions

C'est une fille plutôt jolie. Elle n'est ni grande ni petite, son cerveau fonctionne assez vite et elle est débrouillarde. Elle sait chanter et écrire des chansons, et est entourée d'amour et de bienveillance. Elle n'a jamais vraiment eu confiance en elle, mais elle sent qu'elle y parviendra un jour.

J'ai commencé, étrangement, à prendre un peu confiance en moi dans les moments où tout semblait organisé pour réduire mon amour-propre à néant. Je me suis comparée aux autres toute ma vie. Déjà enfant, je me percevais différente. J'ai toujours été celle que l'on laisse de côté ou que l'on incorpore dans le groupe afin que l'étiquette « bizarre » soit attribuée à quelqu'un. À l'école, je faisais la manche à l'amitié. Il me fallait passer des épreuves pour être acceptée dans les clubs. Et moi, avide de compagnie et d'une enfance normale, je les passais toutes avec détermination. On allait enfin m'aimer, me regarder et m'écouter. C'est tout ce que je demandais. Pour ne pas aider, mes parents avaient une sainte horreur de tout ce qui était à la mode. Je me rappelle l'époque des Diddles par exemple. Nous avons tenté plusieurs fois, mes sœurs et moi, de réclamer des feuilles ou des peluches Diddles, sans succès. Ce n'est qu'après les avoir harcelés pendant des jours et des nuits qu'ils ont fini par déposer au pied de nos lits, un matin, des peluches Diddles. Mais il ne fallait pas trop en demander : là où nous espérions la jolie et grande Diddlina au nœud rose pour les filles, nous avions le Diddle miniature pour les garçons. Et il en était ainsi pour tout ce qui était à la mode. « Pas comme tout le monde vous ne serez » : telle était la philosophie de mes parents.

Un autre paramètre important permet d'expliquer que mon enfance ne pouvait, de toutes les manières, pas être identique à celle des autres. J'ai une sœur jumelle. Comment vous dire que ça ajoutait une touche d'étrangeté dans ce que je représentais ? Ma sœur jumelle et moi avons toujours senti que les enfants étaient différents avec nous. Il y avait une dimension qu'ils ne comprenaient pas et, quand un enfant ne comprend pas, il répond souvent par de la méchanceté. Nous n'étions pas non plus des martyres, mais nous percevions un fossé parfaitement creusé entre notre monde et celui des autres. Nous puisions notre force dans l'amour de notre famille, dans les jeux que nous imaginions pour sortir de notre réalité et dans la puissance inexplicable de notre lien. Notre imaginaire nous permettait de créer des mondes parallèles dans lesquels des sirènes se cachaient dans la Seine, des mondes où nous avions des pouvoirs et où nous nous transformions en animaux. Jusque-là, rien d'anormal. Mais ces univers de secours prenaient de plus en plus de place, à tel point que je ne discernais plus tellement mes rêves et la réalité.

J'ai commencé à voir un pédopsychiatre, à l'âge de 7 ans, pour des cauchemars et des soucis d'intégration à l'école. La seule personne que je cherchais, c'était Mahaut. Ma sœur jumelle. Grâce à elle, avec elle, je me sentais à ma place, « normale ». Elle était la seule qui donnait du crédit à mes mots/maux. Celle qui me croyait quand je lui racontais que je voyais mes peluches voler le soir. Celle qui, sans le savoir, me protégeait des autres et de moi-même. Nous avons même créé notre propre langue : la joumailé. Ainsi, personne ne serait en mesure de juger nos mots et nous attaquer. Vous le comprenez : ce n'était pas dans mon enfance que je pouvais développer une quelconque confiance en moi.

C'est pourtant dans ces moments de solitude et de désarroi où l'on devait se battre, ma sœur et moi, non seulement pour exister, mais aussi pour être acceptées, que j'ai réalisé la chance inestimable que j'avais d'avoir déjà compris la force et la puissance de l'amour véritable.

Ma petite sœur jumelle d'amour, qui me lis, sache que je t'aime de toute mon âme. Que si je n'ai toujours pas confiance en moi, j'en ai une, aveugle, en toi. Et je sais à quel point, toi, tu crois en moi. Ce lien que nous avons est inébranlable et il me donne l'envie, la force et le courage de me battre chaque jour pour m'accomplir. J'aime tellement avoir confiance en moi à travers tes yeux, ma sœur ! Lorsque le doute s'empare de moi, que plus rien ne me semble accessible et que le monde me paraît s'écrouler, je pense au regard que tu poses sur moi. Je me souviens de toutes les épreuves que j'ai traversées, desquelles je n'imaginais jamais me sortir, mais, à chaque fois, tu étais là et me promettais droit dans les yeux que j'y arriverai. Tu n'as jamais eu peur pour moi, tu n'as jamais eu de doute. Et je mesure ma chance : ta confiance et ton regard sur moi, envers et contre tout. Je te remercie de me permettre d'y croire, et je te promets de ne pas te décevoir.

Et si toi qui lis ces mots, tu n'as pas la chance d'avoir cette personne qui croit en toi plus qu'en quiconque, je te demande de te reposer sur ce petit cahier de mots qui existe pour te permettre d'éclore. Il est important de situer les points cardinaux de nos souffrances et d'identifier ce qui peut être fondé sur une peur irrationnelle. Attention, je précise que l'échelle de la douleur est extrêmement subjective.

Quels sont les mécanismes que tu as mis en œuvre sans même t'en apercevoir ?

Coche les cases qui te ressemblent :

- ☐ Lorsque je rencontre quelqu'un, je me compare immédiatement.
- ☐ Lors d'une conversation, je pense tout de suite que je ne suis pas intéressant.e.
- ☐ Lorsque je suis en groupe, je me fais tout.e petit.e, car j'ai peur de ne pas avoir ma place.
- ☐ Lorsque je tombe amoureux.se, je suis jaloux.se et possessif.ve.
- ☐ Je n'ose pas m'habiller et/ou me comporter comme je le souhaite par peur du jugement des autres.
- ☐ Je pense que je ne mérite pas mieux que ce que j'ai déjà.
- ☐ Je ne regarde les autres que pour voir ce qu'ils ont de plus que moi.

Cette période était ~~horrible~~ indispensable !!

Si plusieurs de ces propositions ont fait écho à ce que tu es, il est grand temps de t'estimer davantage et de commencer un voyage vers toi-même ! Tu es unique. J'ai pris beaucoup de temps pour m'en apercevoir, et réaliser que ma valeur ne pouvait pleinement se déployer si je passais mon temps à l'opposer à celles des autres. Aujourd'hui encore, j'ai du mal à ne pas me comparer lorsque je scrolle sur les réseaux sociaux. « Cette fille a un corps incroyable, elle est certainement plus grande que moi – Cet artiste est tellement créatif, et si ce que j'avais à offrir était inutile ? – Ces amies sont tellement soudées, suis-je au moins une bonne amie ? » Plus de questions que de réponses ? Voilà ce qui est important : ne plus perdre d'énergie avec les questions sans réponses.

Il est enfin temps de répondre aux questions que tu te poses !

Nous allons reprendre les situations énoncées précédemment et tu vas compléter les phrases sans réfléchir et, surtout, sans te demander si c'est la bonne réponse ! N'oublie pas que ce qui est instinctif fait souvent écho à tes désirs et à ta réalité profonde.

aujourd'hui.

- ☐ Je n'ai pas à me comparer aux autres parce que...

- ☐ Lorsque je discute avec quelqu'un, ce que j'ai à dire est...

- ☐ Si je suis dans un groupe d'amis ou de collègues, j'ai ma place parce que...

- ☐ En couple, je n'ai pas de raison d'être jaloux.se parce que...

- ☐ Bientôt, je vais m'habiller et me comporter comme je le désire parce que j'aurais enfin...

Il faut savoir.

- ☐ Je mérite mieux que ce que j'ai déjà parce que...

- ☐ À partir de maintenant, lorsque je regarderai les autres, ce sera uniquement pour...

Tout ça peut te paraître un peu ridicule, mais ce qui m'a permis de sortir de ma dépression est très simple : suivre à la lettre tous les conseils que l'on me donnait à l'époque. Des conseils du style : « Fais-toi un sourire dans le miroir le matin – Regarde les fleurs et le soleil – Énumère les raisons pour lesquelles tu es fier.ère de toi ». Et spoiler alerte : ça marche.

J'ai longtemps cru que la confiance en soi était un superpouvoir réservé aux autres. J'avais la sensation que la majorité des personnes que je rencontrais étaient tellement solides, tellement fortes. Je me demandais souvent comment ces gens faisaient pour avoir une telle confiance en eux. Vivent-ils, comme moi, des moments de néant où plus rien n'est source d'espoir ? Je ne pouvais m'empêcher de les imaginer chez eux, seuls et nus, face à leurs fragilités et leurs détresses émotionnelles. Je me réconfortais en me convainquant qu'eux aussi se détestaient dans leur plus simple appareil. Qu'eux aussi subissaient les conséquences de leurs tourments et étaient victimes de l'ombre qui s'empare de vous comme la nuit dévore les couleurs. Mais il m'était difficile d'y croire tandis qu'ils riaient aux éclats et me bousculaient d'une tape sur l'épaule en me disant que tout finirait par s'arranger. Je discernais pourtant dans leurs yeux une certaine forme de fragilité. Un infime éclat de peur qui me rappelait que l'on porte parfois des masques sociaux. Ce qui nous permet de donner illusion, en faisant mine que tout va bien, alors que tout va mal. Personnellement, je n'ai jamais été capable d'en porter, ayant gravé dans mes yeux l'intégralité de mes pensées, mais j'ai été rassurée par l'idée que certaines personnes pouvaient avoir l'air d'aller parfaitement bien alors qu'au fond de leur cœur s'étendait une mer noire déchaînée de doutes et de questionnements.

Je ne suis pas seule. Tu n'es pas seul.e. En revanche, nous sommes les seul.es à pouvoir nous élever et nous respecter comme nous le méritons, en commençant par des petites choses simples qui ne peuvent venir que de nous.

Il existe des leviers concrets pour renforcer sa confiance, que tu connais déjà, mais que je me permets de lister dans ce cahier pour que tu t'obliges à les intégrer à ton quotidien.

1. Changer sa façon de se parler à soi-même.
2. Identifier ses petites victoires quotidiennes.
3. Être fier.ère de ce qu'on accomplit.
4. S'autoriser à échouer.
5. Tenir un cahier (comme celui-ci, hihi !).
6. Sortir progressivement de sa zone de confort.
7. Ne pas se comparer aux autres.
8. Oublier le regard des autres.

Pour conclure ce chapitre, je crois important de rappeler à quel point tu n'as pas besoin d'être parfait.e pour mériter ta place. C'est lorsque tu cesseras de chercher la perfection aux yeux de tous que tu commenceras à devenir idéal.e pour toi-même. Trop en faire laisse des marques. La confiance, c'est savoir avancer à son rythme, même avec la voix qui tremble et le corps qui cède. Je t'invite à relire ce chapitre ainsi que tes réponses dans quelques mois, pour percevoir ton évolution.

Et si, au lieu de chercher à devenir quelqu'un d'autre, tu te donnais enfin la permission d'être toi-même ?

La voix de mes abonnés

Tu trouveras dans les prochaines pages les témoignages, techniques et mots d'encouragement de mes abonnés Instagram. Je t'invite à les lire le plus souvent possible pour te charger d'énergie positive, t'apercevoir que tu n'es pas seul.e dans ta situation et pour ne pas oublier à quel point tes rêves méritent que tu te battes.

Entoure en rouge les phrases qui résonnent en toi et essaye de les lire au moins trois ou quatre fois chaque semaine. Imprègne-toi de cette énergie positive et rappelle-toi que notre force est dans l'unité.

oui !!

Youpiii !

Comment avoir confiance en soi* ?

Surtout s'écouter soi. Personne n'est de meilleur conseil pour sa vie que lui même 🫶

Dépasser ses limites

Oublie le regard des autres et lâche prise

OSER être soi même, on attire les personnes qui vibrent comme nous et on gagne en confiance

Pétille chaque jour comme des bulles de champagne 🌸👑

Se dire qu on a qu'une vie🥺

* Les sondages ont été réalisés auprès de mes internautes.

Comment prendre confiance sans avoir l'air prétentieux.se ?

Plus on se priorise et assume qui on est, plus on attire les gens qui nous ressemblent.

"Ta" prétention n'est que le jugement de la peur des autres à l'idée de ne jamais pouvoir te ressembler 🧡

être autenthique c'est prendre le risque d'être rejeté

Écoute ton cœur toujours 🧡 il connaît le meilleur des chemins ✨

Avoir confiance en soi ce n'est pas se vanter, c'est juste être soi en connaissant sa valeur

Confiance ou prétention* ?

Quelqu'un qui sait dire non

Confiance 99% Prétention 1%

Quelqu'un qui parle de ses réussites ?

Confiance 74% Prétention 26%

Quelqu'un qui ne doute jamais

Confiance 41% Prétention 59%

Quelqu'un qui se trouve beau/belle

Confiance 91% Prétention 9%

Quelqu'un qui met son corps en valeur

Confiance 90% Prétention 10%

Quelqu'un qui dit le fond de sa pensée

Confiance 92% Prétention 8%

Quelqu'un qui rabaisse les autres

Confiance 2% Prétention 17%

Manque de confiance 81%

* Les sondages ont été réalisés auprès de mes internautes.

Quelles sont tes interrogations ?

Comment réussir à avoir confiance en nous, quand tout nous parrait impossible ?

Peut-on scinder une bonne fois pour toute la confiance en soi de la timidité ? ❤️

Comment doser pour ne pas paraître prétentieuse ?

A quel moment les doutes se dispersent et il y a plus d'écart entre chacun ?

Cette période était ~~horrible~~ indispensable !!

MA CRÉATION

Les mots imposés par mes abonnés sont en gras italiques.

J'étais ***faible***,
Incapable de prendre ***confiance***
De faire preuve de ***tolérance***,
de ***m'accepter*** comme je suis
J'me sentais ***coupable***,
Trop de ***fierté*** pour voir en face
Que je manquais de ***bienveillance***, envers ***moi-même***
dans la vie
Suffit d'une ***introspection***, retrouver sa ***connexion***
J'ai cherché l'***acceptation*** de c'que je suis

Au final, ***j'm'aime bien***
Et quoi qu'on en dise
J'm'aime bien
Même quand je m'épuise
J'm'aime bien
J'avance à ma guise
J'm'aime bien, j'en ai mis du temps, mais ***j'm'aime bien***.

TA CRÉATION

À ton tour ! Tente d'écrire ton propre texte avec les mêmes mots imposés que moi. Tu n'es pas obligé de tous les inclure.

N'oublie pas qu'il n'y a aucun style à respecter, tu es totalement libre de créer. Fais-toi surtout du bien, cherche au fond de toi les choses que tu aimerais dire sur le thème de la confiance en soi.

Tu peux écrire sous forme de lettre, de poème, de chanson, de petites notes... Pour t'aider un peu, pose-toi ces questions : À qui je m'adresse ? (Moi-même, famille, amis, amour...). Je te conseille de t'écrire à toi-même pour ce thème... Quelle est l'émotion principale que je veux retranscrire ? Quelles sont les images que je vois en pensant à ce thème ? Qu'est-ce que j'ai besoin de dire ? Comment je vois la confiance que je me porte ?

oui !!

Youpiii !

Mots imposés : faible, confiance, tolérance, m'accepter, coupable, fierté, voir en face, bienveillance, moi-même, introspection, connexion, acceptation, je m'aime bien, s'aimer.

CHAPITRE 3

Le *deuil*

rit.
240-245-258

Imaginez qu'ils puissent encore nous voir.
Vivre est notre mission, vivre pour ceux qui ne sont plus.

« Il faut être toujours ivre, tout est là ; c'est l'unique question.
Pour ne pas sentir l'horrible fardeau du temps qui brise vos épaules et vous penche vers la terre, il faut vous enivrer sans trêve. »

Charles Baudelaire, *Les petits poèmes en prose*, 1869

Papa, avant de lire ces lignes je te demanderai soit de prendre un Xanax, soit de t'asseoir et de t'accrocher, soit de passer ce chapitre qui risque de te faire beaucoup de peine. Cependant, si tu venais à ne pas respecter les consignes dûment énoncées ci-dessus, tel l'adolescent réfractaire que tu es, et à lire ce chapitre, sache que je vais bien, que je vais mieux, que je suis libérée de ce souvenir et que tu es ce qui m'en a guérie. Je t'aime.

Mon vécu et mes réflexions

11 mars 2011. J'ai 12 ans. Je suis dans ma chambre et les rayons du soleil traversent les quelques nuages qui ont cru pouvoir s'installer dans le ciel. Je me réveille doucement, la température de la chambre est idéale. Celle qui rend l'intérieur de la couette ni trop chaude, ni trop froide, qui fait du lit un énorme nuage et des oreillers, des guimauves rectangulaires et moelleuses. Je regarde de loin ma fenêtre qui me semble si fragile, incapable de retenir le chant des oiseaux à l'extérieur tant ils sont heureux de voir le printemps arriver. Les vitres sont si fines qu'on croirait qu'il n'y a pas de carreaux. Deux moineaux sont posés sur mes volets, et me regardent avec insistance. Ils sont immobiles, et eux, ne chantent pas.

Ils paraissent presque vouloir m'avertir de quelque chose. Curieuse, je me lève et me rapproche de ma fenêtre, sentant le parquet grincer sous mes doigts de pied en équilibre. Il y a, çà et là, des vêtements qui traînent et des sachets de biscuits à moitié vides. Je tente d'éviter le plus d'obstacles possible avant d'arriver au seuil de la fenêtre. Je vois de plus près ces deux petits moineaux qui, dès que j'ouvre les panneaux, s'envolent. C'est alors que j'aperçois, en contrebas devant la piscine, ma tante Marie Françoise. D'abord ravie de la voir, je remercie silencieusement les oiseaux de m'avoir avertie de sa venue et je descends les deux étages à toute vitesse, en chantant tant bien que mal et dans ma barbe des airs d'opéra qui me donnent l'impression de faire monter crescendo ma joie intérieure au rythme de l'orchestre imaginaire qui tambourine dans mon cœur.

Je m'amuse à aller vite, très vite, parce que je suis une petite boule de nerfs et que j'adore quand les choses vont très très vite. J'ai une sainte horreur de tout ce qui est lent, je suis une impatiente née. Le son des marches sous mes pieds est pareil à des tambours déchaînés, je vais si vite que je croirais ne pas toucher le bois. Pourtant, les dernières marches descendues sont les plus lentes de ma vie. En arrivant dans la cuisine, je m'aperçois qu'il n'y a pas que ma tante qui est là. Il y a aussi mon oncle, mon autre tante, des amis, de la famille, du monde et, eux, ne chantent pas.

Je sens comme une décharge électrique parcourir la totalité de ma colonne vertébrale. Je reste immobile, comme tétanisée, rejetant volontairement le futur prêt à se réaliser avec perte et fracas. J'ai dans cet instant en suspens la possibilité de ne pas savoir ce qui va se passer. Le bénéfice du doute, bien qu'infime, existe au présent. Et je tente par tous les moyens de le faire durer. Après quelques secondes qui paraissent une éternité, je passe devant ces gens qui ne me semblent plus familiers. Tous m'ont l'air de parfaits inconnus dont les yeux sont noyés de larmes, de culpabilité et d'empathie pour la jeune fille qu'ils regardent passer. Des pensées dévastatrices me traversent alors l'esprit. – « Ne me regardez pas, pas comme ça. Votre regard impose la fatalité, pourquoi ne doutez-vous pas ? Pourquoi perdre espoir ? Si elle s'en va, je pars avec elle. »

J'atteins enfin à la porte qui mène à la terrasse et la traverse dans un élan déterminé. Je m'assois sur les petites marches en pierre au seuil de la porte en bois. Je regarde l'horizon comme si lui seul pouvait me rassurer et me permettre de m'évader de cette réalité abominable. Ma tante Marie s'installe près de moi en silence, plonge son regard et ses pensées dans le paysage qui nous fait face. C'est à ce moment précis que j'ai la sensation qu'elle est la seule à me comprendre. La seule à pouvoir me répondre. Je ne la regarde pas, mais je sais que des larmes roulent sur ses joues. Maintenant je ne peux plus fuir, la réalité doit s'installer irrémédiablement. Je pose alors cette question qui résonne encore en moi, et à l'instant où j'écris ces mots, me transperce le cœur et fait frissonner la totalité de mon corps :

« Est-ce que maman va mourir ? »

Ma tante me prend dans ses bras, s'effondre et me serre fort contre elle en guise de « oui ». C'est terminé, le doute s'en est allé et l'espoir l'a suivi de près. Je suis à présent dans le réel et plus rien ne peut me permettre de retrouver l'innocence et l'insouciance qui me permettaient de ne pas affronter cette réalité morbide et épouvantable.

Je ne m'effondre pas tout de suite. Allez savoir pourquoi, j'ai la sensation qu'il faut que je garde des forces pour plus tard, comme si mon corps n'avait pas assez de ressources pour supporter le choc physique et psychologique de ce qui allait suivre. C'est étonnant comme le corps et l'inconscient prennent les devants dans ce genre de situation. Ils savent avant toi ce qui va se produire, ou du moins la gravité des conséquences que vont avoir les événements proches. L'esprit se met en mode survie et te plonge dans une illusion assez crédible pour que tu penses gérer la situation correctement. Alors, je reste là, effondrée par cette nouvelle, tandis que le temps se précipite sans avoir l'air de prendre mes peines en considération.

Je ne me souviens pas exactement de l'ordre chronologique des événements. Je sais que toutes les personnes présentes ce jour-là étaient là pour dire au revoir à ma mère.

Elle était allongée sur un lit à même le sol, dans le bureau collé au salon. Elle avait cette force qui n'appartient qu'à celles et ceux qui ont accueilli et accepté l'idée de partir. Elle était sage, calme, patiente. Les amis et la famille faisaient la queue devant sa chambre pour passer un dernier instant avec elle. Chacun sortait différent de cette pièce. Je voyais dans leurs yeux la peine mélangée à l'admiration qu'ils éprouvaient à l'égard de maman. Je suis certaine qu'aucun d'entre eux ne pensait pouvoir être aussi courageux un jour.

Après cette danse interminable d'entrées et de sorties du bureau, l'heure vint de l'au revoir le plus déchirant. Maman et papa allaient se quitter, et aucun des deux n'en avait l'envie.

Je fais une petite pause et je reviens, écrire ces lignes me demande énormément de courage.

Ma mère a expiré son dernier souffle dans les bras de mon père. Elle l'a aimé assez fort pour partir dans une ultime étreinte, qui lui a donné la permission de se libérer de sa souffrance, lui prouvant dans ce geste inconditionnel son amour éternel et son dévouement. Ils étaient meilleurs amis, meilleurs amants, l'eau et le feu, ils étaient le poison et l'élixir, leur passé, leur présent, leur futur. Elle l'a aimé comme personne ne l'avait aimé auparavant, il l'a aimée comme personne ne l'avait aimée auparavant. « Et jusqu'à la mort si la vie le veut bien, ils s'aimeraient toujours, ils s'aimeraient toujours. » (comme je le chante).

Mon père ne put retenir un hurlement dirigé contre la vie lorsque ma mère s'en alla.

Et moi, je suis là. Dans le salon, à quelques mètres de cette scène aussi dramatique que romantique. Le cri de mon père transperce mes os comme une alarme annonçant une guerre. Tout mon corps se met à trembler, une nausée insupportable monte, mais rien ne veut sortir de mon corps si ce n'est un cri traversant le pays pour me libérer de ma souffrance. Le choc est si violent, si lourd, que j'ouvre la bouche aussi grande que possible, mais aucun son ne peut en sortir. Mes jambes se dérobent sous le poids de la peine qui m'écrase, je cherche ma sœur jumelle des yeux, elle est à côté de moi, tétanisée, les poings serrés et les yeux gorgés de larmes et d'une colère que je ne verrai plus jamais dans les yeux de quelqu'un. Papa sort du bureau, se jette sur moi, me soutient dans ma chute et c'est alors qu'enfin, je parviens à hurler de toutes mes forces. Mon père me serre dans ses bras en sanglotant comme un enfant.

Ma mère venait de perdre la vie, et mon père, mes deux sœurs, mon frère et moi venions d'en commencer une nouvelle. Avec autant de souffrance que celle d'un nouveau-né. Comme celui-ci, nous avons été tirés de notre cocon chaud et réconfortant, et dans un cri déchirant qui annonçait la fin de cette paix, nous sommes nés à nouveau.

11 mars 2011. Maman est partie. Chacun se retrouve avec cette réalité gerbante. Chacun commence son deuil à sa

manière, avec ses armes. Nos réactions face à son décès indiquaient déjà les schémas par lesquels, individuellement, nous allions passer.

Mon père – L'amant dévoué : dévasté et contraint de faire face à cette réalité le jour j, se verra rongé par la culpabilité et le devoir d'être fidèle à la mémoire de son amour éternel et passera quatre ans de deuil et de souffrance absolue, contraint à la fois d'éduquer trois jeunes femmes et de leur donner le goût de vivre alors que lui-même l'avait totalement perdu, forcé d'être le père fort et l'ami dévoué quand, en lui, ne résidait qu'un homme mort parti avec l'amour de sa vie, avant de s'autoriser à nouveau à exister.

Ma grande sœur – L'évadée du réel : ayant, par concours de circonstances, été absente au moment du départ de maman, elle fuira la réalité et se plongera dans une boucle d'autodestruction pendant plus de dix ans, rejettera tous ceux qui voudront l'aimer, ne s'autorisera ni le bonheur, ni l'amour, ni la joie et s'imposera la lourde responsabilité de devenir une nouvelle mère pour ses deux petites sœurs, s'interdisant d'en devenir une à son tour, avant de trouver enfin le chemin vers la paix et de guérir en trouvant l'amour et en donnant la vie.

Ma sœur jumelle – La révolte en survie : c'était la rage de vivre quand tout en elle criait l'envie de disparaître. Rongée par l'injustice de ce jour fatal comme par une fièvre, elle s'est accrochée à des mondes imaginaires pour échapper à celui qui l'étouffait. Elle cherchait un coupable à sa douleur, n'importe lequel, pourvu qu'il justifie le chaos qu'elle portait en elle. Alors elle s'est révoltée et s'est dressée contre chaque cadre, chaque autorité censée l'éduquer, comme on jette des pierres contre un mur invisible. Elle a rejeté nos valeurs familiales comme on arrache une peau trop étroite, transgressé la morale comme un cri muet lancé à la vie pour lui dire : regarde ce que tu m'as fait. Et dans cette fuite éperdue, cette guerre contre tout, il lui a fallu des années pour poser les armes, pour croire enfin que la tendresse n'était pas un piège, et que le calme, un jour, pourrait ne pas faire mal.

Mon grand frère – Le guerrier sans armes : né d'une autre mère, ayant été comme un fils pour la nôtre, il se verra rongé par l'illégitimité de souffrir de la situation et la profonde peine de n'être « qu'à demi » notre frère. Il sera fort pour les siens, devra mettre ses peines et ses revendications sous silence pour laisser la place aux nôtres, sera présent tout en faisant en sorte de ne pas prendre trop de place avec toujours cette peine monumentale d'avoir perdu une mère et de n'avoir jamais vraiment pu appartenir pleinement à une famille censée être la sienne, avant de fonder son propre cocon, sa propre famille et de pouvoir vivre pleinement. Il a commencé à respirer autrement, à se redresser, à récupérer, un à un, les morceaux de lui qu'il avait laissés en chemin. Il a retrouvé peu à peu les armes qu'on lui avait volées : celles de l'amour assumé, de la fierté d'être, de la paix d'exister enfin tout entier.

Et moi, enfin – L'hypersensible révélée : j'ai passé quatre longues années à marcher dans le brouillard du déni, persuadée que maman n'était pas partie pour de bon – juste en voyage, quelque part, loin, mais pas pour toujours. J'ai forcé mon cœur à croire à cette illusion, me contraignant à vivre une adolescence comme les autres, à sourire, à sortir, à faire semblant. Mais les mensonges que je me racontais ont fini par déborder, s'accumuler comme des pierres dans ma poitrine, jusqu'à m'étouffer. Un soir, tout a cédé. J'ai vomi ma douleur, au sens propre comme au figuré, dans une nuit noire et violente dont les éclats me hantent encore. La prison dorée que j'avais construite, brique après brique, s'est écroulée d'un seul coup. Le réel m'a frappée en pleine face, brutalement, et j'ai chuté. S'est alors ouverte une faille : deux années plongées dans une dépression abyssale, où même le simple fait de manger me paraissait insurmontable. Je ne vivais plus, j'écrivais pour survivre, je pleurais comme on saigne, en priant chaque nuit pour que la douleur me lâche enfin. Et puis, grâce au soutien de mon père, à l'amour de ma grande sœur et à la confiance de ma jumelle, un jour, la lumière s'est glissée par une fissure. Doucement, naturellement, j'ai réappris à vivre avec joie. J'ai goûté aux bonheurs simples, à l'éclat fabuleux de chaque instant que l'existence nous offre, à la richesse des relations humaines et surtout, à la musique. J'ai transformé mes peines en carburant. J'ai transformé mes larmes en encre, ma fragilité en une puissance douce et indomptable. J'ai fait de mes failles des fondations. Et pour la première fois, j'ai compris qu'être sensible, c'était peut-être ma plus belle force.

Comment écrire ces mots sans hurler de peine, sans être déchirée par l'injustice de cette destinée ? Comment vivre, grandir et aimer pleinement lorsque le schéma d'amour que la vie t'a exposé est celui-ci ? Comment garder la joie, la confiance en la vie et la positivité ? Je ne pensais jamais pouvoir vivre pleinement avec une telle peine au fond de mon cœur, je pensais ne jamais guérir, et pourtant aujourd'hui je suis heureuse, libérée et confiante. J'aime la vie, ce qu'elle m'a apporté et ce qu'elle me réserve, et je suis convaincue que c'est grâce à ça que je réussis à écrire ces lignes sans me laisser dépasser par les démons du passé.

Je souhaite, du plus profond de mon cœur, te permettre de faire un premier pas vers cette paix et cette confiance en la vie avec les armes que j'ai réussi à faire miennes. Voilà la raison pour laquelle je te raconte cette journée : pour que tu comprennes à quel point ma peine fut immense et à quel point la lumière au bout du chemin est chaude, réconfortante, pleine d'espoir et de joie. Tu vas y arriver, tu n'es pas seul.e, et je suis la preuve vivante que l'on peut s'en sortir.

Où en es-tu dans ton deuil ?

Quel schéma ou quels schémas te définissent le mieux ?

☐ L'amant.e dévoué.e

☐ L'évadé.e du réel

☐ Le/la guerrier.ère sans arme

☐ L'hypersensible révélé.e

☐ Un autre schéma selon toi (Si c'est le cas, je t'invite à l'imaginer et le décrire ici, ça fait beaucoup de bien.)

Hum...

Comment j'ai guéri de ma peine

Quelle que soit ta réponse, voici les techniques que j'ai adoptées pour me sortir de ma peine et qui pourraient, je l'espère, te faire du bien :

- ☐ Écouter et suivre à la lettre chaque conseil que l'on te donne.
- ☐ Essayer de lire, écrire, dessiner, danser, peindre, chanter, n'importe quelle discipline qui te permette de te libérer à travers une expression artistique.
- ☐ Vivre au présent, se forcer à remarquer toutes les choses subtiles et jolies du quotidien : un rayon de soleil, une jolie fleur, une pluie d'été, un nuage rafraîchissant, le sourire d'un proche, etc.
- ☐ Garder espoir et confiance en la vie.
- ☐ Écrire tout ce qui te passe par la tête lorsque tu souffres trop, ne pas laisser s'accumuler la peine.
- ☐ Pleurer.
- ☐ Rire.
- ☐ Accepter de s'isoler un peu (mais pas trop non plus).
- ☐ Parler à tes proches, tes amis, ta famille.
- ☐ Faire une psychanalyse. (J'en suis une depuis mes 7 ans.)
- ☐ Écouter des artistes qui ont les mêmes peines que toi.
- ☐ Écouter des artistes qui ne vivent pas du tout les mêmes peines que toi.

EXERCICES INTROSPECTIFS

Ce que je n'ai pas pu lui dire

Je te propose d'écrire une lettre à celui/celle que tu as perdu, en t'aidant de ces possibilités :

J'aurais aimé que tu saches que...

Depuis que tu n'es plus là...

Ce que je garde précieusement, c'est...

Ce que j'ai appris de tout ça, c'est...

aujourd'hui.

j'ai encore espoir aujourd'hui.

Les éclats de souvenirs

Je t'invite à décrire trois souvenirs marquants et à en comprendre les effets sur toi-même aujourd'hui en t'aidant de ces indices :

Où ?

Quand ?

Un son ?

Une odeur ?

Une phrase dite ?

Les émotions ressenties ?

Ce que tu en éprouves aujourd'hui ?

Dialogue intérieur

Écris une lettre (même très courte) à la personne que tu étais lorsque tu souffrais le plus de ce deuil que tu traverses. Rassure-la, dis-lui ce qu'elle va devenir et donne-lui la force nécessaire pour traverser cette épreuve. Et si tu en as envie, je t'invite même à recommencer l'expérience dans quelque temps, lorsque tu auras continué d'évoluer, afin de t'apercevoir des différentes étapes que tu as traversées.

Décrire pour laisser partir

Si tu en as la force, l'envie et le courage, je t'invite à écrire à ton tour le souvenir de cette journée où tu as perdu quelqu'un, quelque chose, qui t'a plongé.e dans un deuil. Essaye, si tu y parviens, de te souvenir de chaque sensation, avant et après que le drame ne se produise. Il est normal que certains souvenirs t'échappent. Dans ce cas, essaye de t'en rapprocher le plus possible même si tu as la sensation d'inventer un souvenir. ATTENTION : cet exercice peut être très difficile et va te demander énormément de courage et d'énergie, prends les précautions nécessaires, entoure-toi, aime-toi, protège-toi.

La voix de mes abonnés

J'ai encore espoir aujourd'hui.

Tu trouveras ici les témoignages, techniques et mots d'encouragement de mes abonnés Instagram. Je t'invite à les lire le plus souvent possible pour te charger d'énergie positive, pour t'apercevoir que tu n'es pas seul dans ta situation et pour ne pas oublier à quel point tes rêves méritent que tu te battes.

Entoure en rouge les phrases qui résonnent en toi et essaie de les lire au moins trois ou quatre fois cette semaine. Imprègne-toi de cette énergie positive et n'oublie jamais que ta force est dans l'unité.

As-tu déjà eu à faire face à un deuil dans ta vie ?

Oui 93%   Non 7%

* Les sondages ont été réalisés auprès de mes internautes.

Combien de temps dure le deuil ?

Peut- être qu'il prend fin lorsqu'on arrive enfin à en percevoir les aspects positifs?

Pour le deuil amoureux quand il n est pas choisi je pense qu il ne se fera jamais complètement...

Le deuil est très différent pour chacun mais tu n'oublie jamais ..

Le temps d'une vie pour ceux qui restent....

3 ans ?

On apprend simplement à vivre avec l'absence de nos proches en présence de leurs souvenirs.

Le deuil de ma fille ne s'arrêtera jamais

Non on apprend seulement à le supporter

J'ai connu plusieurs deuils dans ma vie, et je peux dire que ce n'est qu'un passage. Ils sont toujours là

La personne sera toujours en nous

7 ans après le décès de mon amoureux il me manque toujours autant malgré tout

J'ai perdu mon père ce 25 mars, jour de son anniversaire, depuis je suis entre calme et tristesse

Il n'y a que le temps pour apaiser?..

et pourquoi pas ?

Quelles sont les étapes du deuil ?

Déni, colère, tristesse, acceptation, nostalgie

Tristesse,déni/incompréhension, colère pour certains, l'acceptation et se relever apprendre à vivre avec je pense

Pour moi , le pétage de plomb et l'envie de vengeance !!! Heureusement que j'ai ma fille !

Le déni, l'inacceptable, la douleur et la prise de conscience et enfin la résilience

Beaucoup de tristesse, de manque, des regrets parfois...

Déni, colère, nostalgie, acceptation et surtout des vagues longtemps

1. La tristesse 2. La colère
3. La culpabilité
4. L'acceptation

Il n'y a pas d'ordre ça dépend de chacun•e

je ne voulais pas y croire puis j étais en colère, triste deprimé puis acceptation avec aide

La peine, la colère, le manque, l acceptation sans jamais oublier....les souvenirs

1. Prise de conscience
2. Acceptation qu'une part de soi est partie aussi Et
3. Nouveau soi

Incompréhension, désespoir, tristesse, colère, tristesse, incompréhension, colère, tristesse,.

Tout est question de perception.

Comment guérir ?

S'aimer tout simplement, quand tu t'aimes de tout ton cœur aucun mal ne t'atteint

Écriture d'une lettre à la personne défunte. Lister les souvenirs/les dessiner/ peindre, marcher/musiqu

Écrire. Chanter. Écoutei des musiques triste, pleurer.

La série Afterlife 💔

Accepter la disparition, savoir que l'âme est éternel, ne pas s'accrocher au corps éteint,..

Le temps, la patience et l'envie 🌸

Écris une lettre et brûle-là ou bien garde-là et relis-là quand tu en ressens le besoin 🪶

Oser rire de souvenirs agréables

Je parlais à ma mamie comme si elle était là. Elle m'envoyait des signes qui me faisaient sourire.

Ne pas laisser le chagrin redéfinir tout ce qu'on à vécu avec la personne

S'entourer

à retenir !

MA CRÉATION

Les mots imposés par mes abonnés sont en gras italiques

INTIME – Le deuil

La ***douleur***
Est un souffle d'***espoir*** quand elle se meurt
Et même si parfois tu ***manques*** à mon cœur
Tu vivras dans mes ***souvenirs***
Sans ***amour***
La ***solitude*** est un poids bien trop lourd
Si tu venais à me faire ***signe un jour***
Je vivrais de ta ***lumière***
Parfois ton ***absence*** est d'une telle ***souffrance***
que je peine à ***comprendre la chance*** que j'ai
D'avoir aimé un ***ange*** éternel, la ***résilience*** m'appelle,
je le sais.

RAHAAAAH

Mais dans mon ***âme***,
Tu brilles comme un ***ange***
Et dans mon ***amour***
Rien ne change
Mais dans mon ***âme***
Tu brilles comme un ***ange***
Et dans mon ***amour***
Rien ne change

TA CRÉATION

À ton tour ! Tente de faire ton propre texte avec les mêmes mots imposés que moi. Tu n'es pas obligé.e de tous les inclure.

N'oublie pas qu'il n'y a aucun style à respecter, tu es totalement libre de créer. Fais-toi surtout du bien, cherche au fond de toi les choses que tu aimerais dire sur le thème du deuil.

Tu peux écrire sous forme de lettre, de poème, de chanson, de petites notes... Pour t'aider un peu, pose-toi ces questions : À qui je m'adresse ? (Moi-même, famille, amis, amour...) Quelle est l'émotion principale que je veux retranscrire ? Quelles sont les images que je vois en pensant à ce thème ? Qu'est-ce que j'ai besoin de dire ? Comment je vois le deuil ?

Mots imposés : douleur, espoir, manque, souvenirs, amour, solitude, signe, un jour, lumière, absence, souffrance, comprendre la chance, ange, résilience, âme, ange, amour.

CHAPITRE 4

Les *signes* de la vie

Tout peut être un signe, son importance
est dans l'attention que tu lui portes,
dans la récurrence du phénomène
et dans l'émotion qu'elle sollicite en toi.

Ce livre, cette ligne, ce mot, ce lieu
dans lequel tu te trouves en lisant ce livre,
cette ligne, ce mot, ce lieu dans lequel
tu te trouves en lisant ce livre...

N'as-tu jamais eu la sensation étrange que les paroles d'une chanson, sur laquelle tu tombes par hasard, décrivent exactement ta situation personnelle ? Ne t'est-il jamais arrivé de voir, lire ou entendre, sur une affiche, dans une pub, un journal ou une conversation qui ne t'est pas destinée, des mots qui résonnent en toi, et répondent à une question que tu te poses depuis longtemps ?

Coïncidences, concours de circonstances, hasard, destinée, guides spirituels, qu'importe le nom que l'on donne à ces événements, ils existent et nous troublent parfois à tel point que nous sommes contraints de nous interroger. Il m'est souvent arrivé de prendre des décisions en tombant sur des heures miroirs ou en entendant le bon mot au bon moment.

Cela me fait penser à la cartomancie : qu'il y ait, derrière cette discipline, une réelle connexion avec le monde de l'invisible ou non, nous sommes libres d'interpréter la lecture des tirages et c'est là que réside notre décision de prioriser ou non certains éléments dans notre quotidien. En résumé : il s'agit d'un bon moyen de faire le tri quand tout est emmêlé dans notre tête. Il y a tant de questions à la minute qui nous traversent l'esprit, alors que nous sommes seuls face à nos doutes, sans mode d'emploi, sans guide de construction. Il est naturel de chercher des moyens opportuns, comme un enfant aurait besoin de ses parents, afin de nous cadrer et nous permettre de ne pas crouler sous les questionnements existentiels. Qui, quoi, si ce n'est notre intuition dûment écoutée et suivie, pourrait nous mener sur le chemin qui doit être le bon, celui qui nous correspond le mieux ?

Dans ces cas de figure, on a souvent l'impression que certaines personnes nous rejettent, trouvent que l'on « change », que l'on est « différent ». On se sent incompris, seul. Des personnes qu'on croyait connaître nous paraissent étrangères, des situations que l'on appréciait deviennent dérangeantes, et l'on rejette ou l'on fuit certaines habitudes qui nous raccrochent à ce que nous avons construit jusqu'alors. C'est souvent ce qui nous pousse à faire taire cette flamme, à la refouler, pour ne pas être victime des condamnations illégitimes d'autrui ou pour ne pas se détester et culpabiliser.

Bien sûr que tu changes, que tu délaisses une enveloppe pour en revêtir une autre, que tu quittes un corps pour mieux incarner le suivant. Bien sûr que ça ne conviendra pas à tout le monde, qu'on te jugera, que celles et ceux qui t'aimaient seront perdus, troublés ou perturbés de te voir changer. Tu ne pourras jamais satisfaire tout le monde en t'écoutant toi-même, et il est essentiel d'intégrer cette réalité avec une forme de résilience afin de pouvoir évoluer sereinement. Mais je suis intimement convaincue que c'est l'unique moyen de mener à bien ce pèlerinage vers ta pleine autoréalisation. Je te demande de croire en toi malgré les obstacles qui se présenteront sur ta route, car c'est en gardant tes convictions profondes, même dans le doute le plus absolu, que tu parviendras à t'accomplir pleinement. Mieux vaut te brûler les ailes en suivant ton propre élan que rester cloué au sol par la peur des autres, sans jamais savoir si ton instinct t'aurait porté.e plus haut.

Pour suivre son instinct, il ne suffit pas de savoir qu'il existe. Comme dans n'importe quelle discipline, il y a un temps pour la théorie et un temps pour la pratique, où toutes les informations accumulées doivent s'ancrer en nous comme un mécanisme naturel et automatique face aux situations du quotidien. Bien qu'il y ait des exceptions, il est peu probable d'avoir accès aux signes que nous envoie la vie sans avoir connaissance de leur existence.

En ce qui me concerne, depuis le décès de ma maman, j'ai été forcée de m'intéresser un peu au monde de l'invisible et, pour me rassurer ou me réconforter, j'ai longtemps espéré qu'elle m'envoie des messages pour me guider dans mon évolution. Rien de notable ne m'est arrivé, en tout cas je n'ai jamais pu percevoir sans l'ombre d'un doute un signe qui aurait pu venir d'elle. Cependant, j'ai souvent été confrontée à des situations étranges que je ne saurais expliquer aujourd'hui, qui restent pour moi un mystère bien que mon cerveau soit à l'origine extrêmement sceptique. Je n'ai pas reçu de message clair de ma mère, mais j'ai la sensation que quelque chose, lié à sa présence, me guide vers ma destinée.

Printemps 2017. Nous vivons dans notre belle maison de pierre à Cahors, au sommet d'une colline, dans un petit coin du Lot vert et réconfortant. Mon père – ce grand rêveur pour lequel rien n'est impossible – imagine un projet aussi fou que brillant : réunir les gens autour de ce qu'il aime le plus au monde, ses enfants, leur talent et la nourriture. Il crée un concept singulier : un concert donné par ses jumelles, entrecoupé d'un entracte à 15 heures pile, où tout le monde se rassemble pour partager une grande marmite – toujours une soupe improbable, mélange d'idées farfelues et d'ingrédients inattendus. Puis, le concert reprenait, enrichi par la présence d'un.e musicien.ne surprise. On appelait ça tout simplement : la soupe de 15 heures. Les invitations ne passaient que de bouche-à-oreille. Chaque invité devait en convier trois, qui en invitaient trois autres, et ainsi se tissait un fil invisible, une sorte de rituel joyeux qui réunissait les cœurs sans qu'on sache vraiment comment. Les premières éditions se jouaient dans notre salon, vidé pour l'occasion, la cheminée – immense, presque théâtrale – servant de scène, et les bancs installés comme dans une chapelle improvisée. La soupe était servie entre le jardin et la cuisine, qu'il pleuve, qu'il vente ou qu'il neige. Une trentaine de personnes, parfois moins, parfois un peu plus, et toujours cette magie flottante dans l'air.

Mais très vite, le murmure est devenu rumeur, puis engouement. Après seulement trois éditions, le public affluait, et notre salon devenait trop petit pour contenir l'enthousiasme. Pour la quatrième et dernière soupe, nous avons dû louer une salle des fêtes pour accueillir environ deux cents personnes. Était-ce un simple hasard ? Ce jour-là, et pas un autre, ma sœur jumelle ne pouvait pas être là, coincée à plus de trois cents kilomètres de chez nous. J'ai dû, pour la première fois, monter sur scène seule. Toute seule. Était-ce encore une coïncidence ? Et c'est ce soir-là, précisément, qu'une

jeune femme était assise dans le public. Silencieuse, attentive, le regard doux. Elle était, elle aussi, chanteuse. Et, comme le veut l'ironie poétique du destin, elle venait de passer un casting pour l'édition 2017 de Nouvelle Star, une émission de télé-crochet consacrée à la découverte de nouveaux talents musicaux diffusée sur M6. Au fil du concert, cette jeune femme fut bouleversée par ce qu'elle percevait : ma voix, ma sensibilité, quelque chose qu'elle ne pouvait pas laisser passer. Alors, sans un mot, elle filma un extrait, l'envoya à la production, et écrivit simplement : « Je ne souhaite plus participer à l'émission. J'aimerais que cette jeune fille prenne ma place. »

Elle ne m'a rien dit. Elle m'a simplement offert une opportunité sans rien attendre en retour. Une semaine plus tard, le téléphone a sonné. C'était le casting de Nouvelle Star. J'étais sélectionnée.

Le jour où j'ai enfin choisi d'écouter les signes que la vie glissait sur mon chemin, quelque chose s'est ouvert. Comme si l'univers, en guise de récompense, m'avait tendu le plus beau des cadeaux : une rencontre amoureuse hors du temps, renversante, presque irréelle. Assieds-toi, si ce n'est pas déjà fait, parce que là, ça devient complètement fou.

25 septembre 2017, l'été était passé et les premières vagues d'émotions intenses et incontrôlables liées à cette nouvelle du casting de ce télé-crochet s'étaient enfin échouées sur le rivage de mon cœur. Je commençais les premières épreuves filmées de l'émission, à Paris, et le début d'un voyage inattendu.

Les premières étapes de la compétition se passaient à l'Élysée Montmartre, où tous les candidats devenaient à la fois amis et ennemis.

Tout pour moi était éprouvant : être loin de mon père, dans une ville que je connaissais et qui pourtant me paraissait parfaitement étrangère, devoir gérer mes crises d'angoisse face à la caméra, être opposée à des chanteurs extraordinaires quand je me trouvais médiocre, sans oublier la difficulté de s'intégrer après avoir passé presque deux années en dépression, isolée de tout, ayant perdu tous les codes sociaux. Je ne me sentais absolument pas à ma place, comme si le fait d'avoir été inscrite à mon insu me rattrapait pour nourrir encore un peu plus mon syndrome de l'imposteur. J'avais honte de parler de musique avec les autres candidats, parce que je n'en écoutais pas, je n'avais pas non plus d'autres sujets à proposer, parce que trop introvertie, et – pour ne pas aider – j'étais malade, le nez rouge et bouché et la gorge serrée.

Nous étions logés dans un hôtel situé à cinq minutes à pied de l'Élysée, je partageais ma chambre avec une jeune fille adorable. Mais me retrouver hébergée avec une inconnue était un vrai défi, moi qui n'avais même pas dormi chez une copine depuis des années.

Début de la première journée de compétition, je n'ai pas dormi, je suis malade, mon papa et ma maison me manquent, je veux partir, je pleure et je pleure dans un coin en me demandant ce que je fais ici. Je m'habille avec un vieux jean troué et un débardeur bleu canard trop grand pour moi, comme pour me rassurer en me rattachant à mon quotidien à la campagne où l'apparence est le cadet de mes soucis. Je ne me maquille que très peu, car je sais que je vais pleurer encore et encore, et que je risque de ne même pas passer la première épreuve.

Je suis l'une des premières à être prête, alors je sors de ma chambre et descends attendre dans le hall de l'hôtel. De longues minutes passent, les larmes dégoulinent sur mes joues comme des grosses gouttes de pluie accumulées sur les pétales d'une fleur, et mon nez rouge qui coule me donnant un air misérable. Je me passe en boucle les raisons pour lesquelles je n'ai rien à faire ici, je prévois de saboter mon passage lors de la première épreuve, et j'organise minutieusement mon élimination précoce pour pouvoir rentrer à la maison. Tout autour de moi me semble sombre et sans saveur, j'ai froid au cœur et chaud aux joues des innombrables larmes qui y ont glissé, je me dis que rien ne me fera rester ici quand tout à coup, sortant de nulle part, un blondinet aux yeux que je devine d'un bleu insolent cachés derrière ses lunettes Dior me sort de mon mélodrame.

« Tout va bien ? »

Non, bien sûr que non, rien ne va. C'est ce que j'aurais dû lui répondre. Alors pourquoi, tandis que les dernières heures passées me semblaient insurmontables, je suis dans l'incapacité d'incarner cette réponse ? À la place, je remue la tête de haut en bas, sans le lâcher des yeux, en me demandant comment un garçon aussi beau pouvait se préoccuper d'une fille si misérable. Il m'offre un sourire honnête et réconfortant, et je crois lire dans son assurance une promesse que tout ira bien. Une promesse que j'allais retrouver dans son regard pendant les huit années qui suivront, et qui me donnera la force d'une armée de mille hommes pour vivre ou survivre. Puis, il me tourne le dos et s'en va, laissant un peu de lui auprès de moi, comme s'il était venu déposer de l'espoir dans mon cœur et y retirer la peur, sublimant les odeurs et les couleurs alentour, comme si je pouvais enfin voir la beauté et l'harmonie du monde. Je me souviens de son odeur. Je reste là, parfaitement démunie, avec pour seule compagnie le souvenir de quelques minutes et son parfum qui flotte encore dans l'air. Il sent le blond. Une odeur neuve, propre, pure, insolente et addictive, et je ressens le besoin viscéral de sentir à nouveau ces notes nouvelles qui, petit à petit, s'évaporent dans l'air. Alors je me lève, je sèche mes larmes qui me paraissent appartenir à un passé lointain, je redresse mon chignon, bien déterminée à retrouver ce garçon et son parfum qui me semble être celui d'une nouvelle vie qui m'attend.

À partir de cet instant précis, je le cherchais des yeux lorsqu'il ne me regardait pas et vice versa, je faisais en sorte qu'il soit toujours là, quelque part dans mon champ de vision, et lorsque je ne l'apercevais pas, je paniquais, son visage me manquait, les couleurs devenaient ternes et les odeurs fades. Lorsque j'entrais dans une pièce et que je sentais son parfum, mon sang se mettait à bouillir et mon ventre se serrait, mon cœur battait dans mes tempes et me hurlait de le retrouver.

Toutes les épreuves suivantes de la compétition se jouaient en équipe. Par un enchaînement de hasards troublants, ou peut-être était-ce un clin d'œil du destin, nous nous retrouvions systématiquement dans la même. La première étape, « les lignes », reste gravée comme le moment où nous luttions encore, maladroitement, contre l'évidence. Contre ce sentiment naissant qui nous échappait déjà. Le combat était perdu d'avance, et les caméras de M6 en ont été les témoins. Je t'invite à chercher une vidéo où je chante *Ne me quitte pas…* Tu verras, entre les notes et les regards, l'éclosion d'un amour dont tu es, désormais, toi aussi, le gardien.

Nous n'avions pas d'autre choix que de nous connaître, nous découvrir et nous aimer. Plusieurs semaines se sont écoulées, et plus le temps passait, plus nous nous aimions et moins nous pouvions lutter contre l'emprise de l'amour. Nous devenions, inévitablement, les esclaves de nos cœurs, asservis comme des soldats vaincus, savourant l'échec de ne pas avoir tenu sans plonger le plus profondément possible dans l'histoire d'amour la plus folle de notre existence. Celle qui me sauvera, celle qui le sauvera.

Aujourd'hui, tout nous unit : l'amour, la musique, la peur, les doutes, le sexe, l'exaltation, l'insouciance, la folie, le sexe, l'amour, l'appétit, l'angoisse, les vices, le sombre, le lumineux, la famille, les amis, l'amour, la solitude, la misanthropie, la philanthropie, l'art, le sexe et l'amour.

Personne au monde ne me fera croire que notre rencontre n'est que le fruit d'une coïncidence ou d'un concours de circonstances. J'ai essayé d'être concise, mais tout ce que nous vivons au quotidien nous démontre à quel point nous étions amenés à nous aimer d'une manière ou d'une autre. J'ai des milliers de signes quotidiennement sur de nombreux sujets différents, mais tu comprendras aisément que je n'ai pas la place, ici, de tous les expliquer...

Voilà deux petits exemples tirés de ma vie qui me permettent de te dire que, oui, définitivement, je crois aux signes de la vie et je pense que nous avons tous la capacité de les percevoir, puis de les suivre. Un signe ne donne pas de réponse, mais murmure une direction. Il ne dépend que de toi d'en faire bon usage.

Et toi, quel est ton rapport aux signes de la vie ? Réponds spontanément, sans trop réfléchir. Il n'y a pas de bonne ou de mauvaise réponse.

QUIZZ

Quel est mon rapport aux signes de la vie ?

1. Quand un animal croise souvent ma route…

A. Je pense que c'est une coïncidence.

B. Je me dis qu'il a peut-être un message.

C. Je ressens quelque chose, sans l'expliquer.

D. Je crois que c'est un signe clair de la vie ou de l'invisible.

aujourd'hui.

2. Quand une chanson précise passe pile au bon moment…

A. Ça me fait sourire, c'est le hasard.

B. Je tends l'oreille, ça me trouble.

C. Je prends le temps d'en écouter les paroles.

D. J'y vois une réponse directe à ma situation.

3. Les rêves qui me marquent profondément…

A. Ne veulent probablement rien dire.

B. Sont peut-être liés à mon inconscient.

C. M'accompagnent longtemps, comme des indices.

D. Sont pour moi des messages venus d'ailleurs.

j'ai encore espoir aujourd'hui.

NON !!

4. Quand je vis une série de synchronicités...

A. Je ne m'y attarde pas.

B. Je m'interroge, curieux.se.

C. Je note ce que je ressens.

D. Je suis persuadé.e qu'un chemin se dessine.

5. Quand je suis face à un choix important...

A. Je décide avec logique.

B. J'écoute mon intuition, mais je reste prudente.

C. J'attends parfois un « signe » pour me décider.

D. Je pose une question à la vie et j'observe ce qu'elle me répond.

6. Un chat noir, un chiffre qui revient, un papillon...

A. Je n'y vois rien de particulier.

B. Ça m'intrigue, je garde ça dans un coin de ma tête.

C. J'y accorde de la valeur si cela résonne avec mon état du moment.

D. Ce sont pour moi des signes évidents de guidance ou de présence.

Instant présent !

7. Les gens autour de moi parlent de signes de la vie…

A. J'écoute poliment, sans trop y croire.

B. Ça m'inspire parfois.

C. Je suis souvent en résonance avec leurs expériences.

D. Je partage les miennes aussi : j'ai l'habitude d'en percevoir.

Cette période était ~~horrible~~ indispensable !!

8. Quand je pense à une personne et qu'elle m'écrit juste après…

A. C'est le fruit du hasard.

B. C'est troublant, mais je ne sais pas quoi en penser.

C. Je le vis comme un clin d'œil de l'univers.

D. Je crois qu'on est tous reliés à un niveau invisible.

9. Mon rapport aux signes aujourd'hui…

A. Plutôt distant.

B. Curieux, mais prudent.

C. Ouvert et intuitif.

D. Très vivant et connecté.

10. Dans mon enfance…

A. Je ne prêtais pas attention aux choses étranges.

B. Je faisais des rêves étranges, mais je n'en parlais pas.

C. J'étais sensible aux « choses qui n'existent pas vraiment ».

D. Je sentais déjà des choses que je ne pouvais pas expliquer.

11. Mon intuition aujourd'hui…

A. Je la mets rarement en pratique.

B. Je l'écoute parfois, mais je doute souvent.

C. Elle m'accompagne dans mes décisions.

D. Elle est mon guide principal.

12. Si je devais résumer ma relation aux signes en un mot…

A. Lointaine.

B. Flottante.

C. Présente.

D. Sacrée.

Grille de décryptage

Compte combien tu as de réponses A, B, C et D.

Majorité de A — L'observateur rationnel

Tu as un esprit ancré, peut-être un peu méfiant envers ce qui ne se voit pas. Tu laisses peu de place à l'invisible... Mais parfois, ce sont les signes qui viennent bousculer les esprits les plus solides. Et si tu laissais une fenêtre entrouverte, juste pour voir ?

Majorité de B — Le curieux

Tu ressens que quelque chose se joue derrière les coïncidences, mais tu n'oses pas toujours t'y abandonner. Tu es sur le seuil. Tu observes, tu ressens... peut-être que tu n'as pas encore trouvé « ton » langage de signes. Il viendra.

Majorité de C — L'âme ouverte

Tu perçois les signes comme des balises intérieures. Tu ne les cherches pas : tu les reconnais. Tu es relié.e à ton intuition, même si parfois le doute revient. Continue d'écouter. La vie te parle dans ses détails.

Majorité de D — L'initié.e

Les signes font partie de ta façon d'être au monde. Tu vis dans un dialogue permanent avec l'invisible, les synchronicités, l'intuition. Garde cette foi vivante, mais veille à toujours rester libre dans ton interprétation. Ce que tu ressens est précieux et te guide.

La voix de mes abonnés

Tu trouveras ici les témoignages, techniques et mots d'encouragement de mes abonnés Instagram. Je t'invite à les lire le plus souvent possible pour te charger d'énergie positive, pour t'apercevoir que tu n'es pas seul.e dans ta situation et pour ne pas oublier à quel point tes rêves méritent que tu te battes.

Entoure en rouge les phrases qui résonnent en toi et essaye de les lire au moins trois ou quatre fois cette semaine. Imprègne-toi de cette énergie positive et n'oublie jamais que notre force est dans l'unité.

Est-ce que les signes existent vraiment* ?

Oui 94%   Non 6%

* Les sondages ont été réalisés auprès de mes internautes.

yes !

Comment reconnaître un vrai signe ?

Il vient confirmer quelque chose et là tu te dis bah oui! Je le sentais

Un vrai signe est celui auquel y croire nous donne l'élan que l'on cherchait

Quand ça te saute aux yeux sans y penser avant

Quand il arrive tout d'un coup et qu'il parait soudainement évident

Les coïncidences

Une chanson, une parole, un détails qui colle avec ce qu'on pense, les questions qu'on se posent

On ne le reconnaît pas , on le sait ❤️

Lorsque l'interpretation pop comme une évidence dans la tête 🌞

Un vrai signe ça se ressent dans la profondeur de ses tripes

Tu le sens dans le'coeur que c'est un signe 🦋

Il n'y a pas de "faux" signe seulement des moins bon

D'où penses-tu que les signes proviennent ?

- De l'au-delà
- De ceux qui ne sont plus là, qui veillent sur nous
- Alors là ... bonne question ! De l'univers ? Mais c'est quoi l'univers ? 😅
- Du karma 🤓
- Des remords
- Du champ quantique....
- De nos absents

Quel signe a changé ta vie ?

Une rencontre improbable hors de la sphère de mes relations

L'incendie de ma maison cumulé à la perte de mon travail , repart à zéro, c'est pas le bon chemin 🧡

C'est hyper cliché, mais franchement c'est moi-même

Ma femme. Elle a fait de moi ce que je suis.

Ma reconversion en tant que psychothérapeute 💖

Carla de Coignac

Quitter Paris pour Marseille ☀️

La rencontre avec ma chérie et le décès de ma mère

La naissance de mes premier enfant des jumeaux 😂

Mon chien Bobby

La fin de l'amitié la plus vraie que j'ai eu jusqu'à présent

Charlotte Lentini

MA CRÉATION

Les mots imposés par mes abonnés sont en gras italiques.

INTIME – Les signes de la vie

Ton ***intuition*** n'est rien d'autre qu'un ***message***
La ***direction*** que te montrent les ***anges***
C'est de l'***univers*** que te vient cette ***lumière***
Comme un ***guide*** qui t'appelle
Qui te montre le ***ciel***
Y a ***pas de hasard***, si tu ouvres ton ***regard***
Si tu suis les ***symboles***
Comme on suit les ***étoiles***

La ***destinée*** est là pour nous ***guider***
Faut ***laisser couler***, prendre du ***temps pour soi***
Synchronicités, messages à décoder
Faut ***écouter*** comme un ***cœur qui bat***

Y a ***pas de coïncidence***
Tu peux avoir ***confiance***

Allez danse, danse, t'as de la ***chance***, chance
C'est le bon ***sens*** du ***chemin***
L'évidence, danse, c'est le bon ***sens***,
C'est le bon sens du ***destin***.

TA CRÉATION

À ton tour ! Tente de faire ton propre texte avec les mêmes mots imposés que moi. Tu n'es pas obligé.e de tous les inclure.

N'oublie pas qu'il n'y a aucun style à respecter, tu es totalement libre de créer. Fais-toi surtout du bien, cherche au fond de toi les choses que tu aimerais dire sur le thème des signes de la vie.

Tu peux écrire sous forme de lettre, de poème, de chanson, de petites notes… Pour t'aider un peu, pose-toi ces questions : À qui je m'adresse ? (Moi-même, famille, amis, amour…). Je te conseille de t'écrire à toi-même pour ce thème… Quelle est l'émotion principale que je veux retranscrire ? Quelles sont les images que je vois en pensant à ce thème ? Qu'est-ce que j'ai besoin de dire ? Comment je vois les signes de la vie ?

Mots imposés : intuition, message, direction, anges, univers, lumière, guide, ciel, pas de hasard, regard, symboles, étoiles, destinée, guider, laisser couler, temps pour soi, synchronicités, message à décoder, écouter, cœur qui bat, pas de coïncidence, confiance, chance, sens, chemin, évidence, destin.

CHAPITRE 5

Le *bonheur*

chère amie, vous doutez de ma Confiance
dresse ? Ah ! N'achevez pas
heureuse Pauline...
Ce qu'il m'est
sans
l'espace
Cœur...
reur, la
mouve-
violens...
ô mon
Silence,
faire rompre.
anté, je la
dres. Ah !
ort... Ce
ité, est fait
aux souffrances
ne vaisseau
e briser,
s embrasser

« Vous rendez-vous compte la chance qu'on a? »

Alexandra Costa Canaby (ma belle-mère)

Si je me souviens bien, le bonheur était le sujet de mon bac de philosophie. Drôle d'ironie, car j'étais alors au cœur d'une sévère dépression qui ne laissait place à aucune faille par laquelle pouvait passer la lumière et faire rayonner en moi l'éclat d'un espoir, l'étincelle d'une joie ou la perspective du bonheur. Ironie encore : à l'instant où je rédige ce chapitre, je suis dans une période de ma vie où je remets totalement en cause la notion du bonheur. Je vis ce qu'on peut appeler une fin de cycle, un renouveau, une transition ou encore une révolution intérieure. Tout est chamboulé et chacun de mes repères s'écroule comme un château de cartes effleuré par le vent.

« Et songe qu'au printemps l'hiver sert de passage, qu'un profond calme suit l'orage, et que la nuit fait place au jour », écrivait Corneille. C'est à ces mots que je tente de me référer dans cette période où toutes mes certitudes sont bouleversées et où je m'aperçois qu'en profondeur, tout se meut en permanence, rien ne demeure.

Je me glisse parfois dans de beaux draps de soie, doux et voluptueux, qui accueillent mes rêves et protègent mon sommeil, gorgés de souvenirs d'amour, de parfums langoureux et du sel de mes larmes. Puis, après un certain temps passé dans ces parures, je les change pour du coton, du lin ou du velours. Il arrive même que je change de matelas, de sommier, ou de pièce. Ce qui demeure en revanche, ce sont les souvenirs des instants passés, ce qu'ils m'ont apporté et ce que je suis devenue grâce à eux. Je peux aussi utiliser à nouveau ces mêmes draps, mais leur odeur, leur matière et leur couleur auront changé et n'abriteront plus jamais mes déboires et mes joies de la même manière.

C'est ainsi que je perçois le bonheur. Un état divin et savoureux qui évolue en permanence, qu'on ne peut ni retenir ni reproduire, mais qui laissera éternellement une marque dans notre cœur, et qui définira notre personnalité et nos choix.

Je suis terrorisée par la perspective de l'avenir, pétrifiée par les démons du passé et démunie face au présent fugitif qui, aussi savoureux ou désastreux soit-il, s'enfuit en un instant. Comment être heureux.se dans une dimension où rien ne dure ? Je me demande si, en réalité, le bonheur véritable ne résiderait pas dans notre capacité à accueillir le changement avec curiosité et résilience, sans rejeter la fugacité du présent. Le bonheur est au présent, le présent est déjà passé, alors le bonheur n'existe peut-être pas vraiment ? Ou alors est-il simplement relatif à chacun et aux circonstances ? Le bonheur peut avoir des dizaines de définitions, car le mien n'est pas nécessairement le tien.

Le bonheur, selon moi :

Première définition

Je suis petite fille, j'ai à peu près 9 ans. Je suis en vacances en Normandie avec ma famille, à la fin août. Nous avons une belle grange perdue au milieu d'une immense forêt de chênes et de bouleaux dans laquelle mes grands-parents vivaient et qui nous accueille tous les week-ends pour fuir la grande ville de Paris, afin qu'on se ressource dans la nature. Mes parents se savent privilégiés de pouvoir nous offrir de si belles parenthèses dans l'année et en profitent au maximum.

Ici, chaque élément semble avoir été créé pour nourrir l'imaginaire. Un vaste tapis d'herbe d'un vert éclatant s'étire jusqu'à l'horizon, caressé par le vent comme par une main invisible, permettant, à mes sœurs et moi, de devenir des animaux magiques et libres.

Autour, des forêts majestueuses dressent leurs colonnes d'écorce et de feuillage, reflets vivants de contes oubliés comme ceux qu'on nous lisait petit.es, des frères Grimm aux contes d'Andersen et de Perrault. À chaque saison, la faune et la flore se métamorphosent comme dans un rêve – des bourgeons timides du printemps aux créatures discrètes de l'hiver, tout murmure une histoire nous poussant à en imaginer d'autres. Pas d'écrans, pas de réseaux, pas d'ondes ni de voisinage pour troubler la paix : seulement le silence vibrant, la nature à l'état brut, et l'esprit qui s'évade, libre de toute distraction.

La maison est grande et antique, le bois craque et la pierre chuchote des secrets gardés depuis des décennies. Chaque pièce a une odeur singulière qui promet un souvenir marqué et éternel – la chambre des enfants est comme

j'ai encore espoir aujourd'hui.

un grand dortoir dans lequel les cauchemars prennent vie, la chambre des parents est un havre de paix dans lequel on se précipite pour oublier ses cauchemars. Le salon est chaleureux, avec le gros canapé rouge et la grande cheminée dans laquelle nous faisons cuire les châtaignes en automne, qui nous réchauffe en hiver, que l'on nettoie au printemps et qui dort en été. La cuisine, elle, est un cœur battant. Elle embaume l'amour, les repas partagés, les gestes simples qui disent tout sans un mot. Elle résonne encore des éclats de rire de mes parents, échos tendres d'une époque suspendue, où l'instant avait le goût du bonheur tranquille.

Je revois maman cuisiner des tartes aux prunes cueillies au préalable dans une expédition excitante et dangereuse. Je vois ses doigts fins et longs couper délicatement les fruits juteux pour y retirer le noyau avant de les disposer méticuleusement sur la pâte maison. Elle a le sourire aux lèvres, ce sourire sage et doux, presque un peu froid qui trahit une peine enfouie qu'elle tente d'oublier. Elle met les tartes au four, et en attendant qu'elles cuisent elle nous amène mes sœurs et moi dans le jardin avec une chaise et un peigne, et elle démêle nos cheveux remplis de feuilles et de nœuds, non sans peine. Je sens encore l'odeur du démêlant et la chaleur du soleil orangé de fin d'été sur ma peau.

Elle terminera de nous brosser les cheveux avec amour, les tartes cuiront, nous passerons à table et nous mangerons avec joie, rire et amour avant de nous coucher et de recommencer le lendemain. Le bonheur de l'instant présent alimenté en permanence par la force de l'imaginaire et de l'amour sans limite et inconditionnel. Cette première définition vaut pour tous les instants magiques passés en famille, légers, tendres et savoureux.

Seconde définition

J'ai hésité à écrire un chapitre sur l'amour, et j'en suis venue à la conclusion suivante : l'amour c'est mon bonheur, alors autant le citer dans ce qui, selon moi, est la définition de la joie.

Je vis aujourd'hui une relation sans pareille qui ferait jalouser Éros lui-même, née un matin d'hiver comme les premiers indices du printemps posent l'espoir revigorant de la renaissance de chaque chose. Une relation arrivée dans ma vie comme un héros de cinéma prêt à tout pour accomplir son devoir, qui m'a sauvée et qui l'a sauvé, filmée par des caméras à la télévision et gravée à tout jamais dans la mémoire de celles et ceux qui en étaient témoins, tant cet amour était immense, tant il était écrit. Cet amour qui implique qu'aux premiers indices du jour tout semble réalisable, qu'à l'arrivée de la nuit le temps s'arrête pour accueillir nos émois. Ce qui rend l'aube des mauvais jours plus supportable, la solitude savoureuse, les victoires étincelantes comme mille étoiles tombées du ciel. L'amour qui donne un toit sous lequel s'abriter où que l'on aille et qui offre à toutes choses un goût plus prononcé, des couleurs plus éclatantes, des odeurs plus intenses...

Le manque d'amour dans notre siècle me désole. Je crois que l'amour n'est plus tellement à la mode. Il s'est démodé comme un vêtement trop rattaché à son temps, oublié au fond d'une armoire où l'on entasse ce qui gêne, ce qui gratte, ce qui ne « s'upcycle » pas. Aimer, aujourd'hui, semble presque vulgaire, symptomatique d'une faiblesse d'esprit. Une faiblesse refoulée, un luxe de rêveurs, un vestige d'une époque naïve où l'on croyait encore que deux mains jointes pouvaient réparer le monde.

L'amour, autrefois lumière, est devenu ombre. On le regarde de loin, avec méfiance, comme un feu qu'on n'ose pas toucher de peur de se brûler. Aimer est devenu suspect. On soupçonne derrière les élans un manque, une faille, un besoin mal placé. Aimer, c'est s'attacher, et s'attacher, c'est ralentir, c'est se fuir.

Alors on préfère aller vite, courir après soi-même, après les succès, les projets, les horizons brillants, mais solitaires. Et l'amour, dans cette course effrénée, devient un frein.

Il encombre. Il dérange. On dit qu'il ne sauve plus, qu'il n'apaise pas. Qu'il blesse plus qu'il ne soigne. Qu'il condamne plus qu'il ne délivre. Alors les cœurs se ferment, les élans se retiennent, les regards deviennent froids comme la pierre et les bras se croisent. On remplace les frissons par des to-do-lists et les battements de cœur par des plans de carrière. Et le monde s'écroule en silence, à force de ne plus vibrer.

Il y a aussi celles et ceux qui voudraient faire de l'amour un contrat. Un pacte bien cadré, avec ses clauses, ses conditions, ses lignes en petits caractères. On n'aime plus vraiment : on négocie. On aime à condition d'être aimé.e exactement comme on l'attend, on aime tant que l'autre n'empiète pas sur notre espace, tant qu'il ne dépasse pas, tant qu'il ne dérange pas notre développement personnel, tant qu'il n'attend rien.

Et même quand deux êtres s'aiment encore, même si l'amour demeure intact, pur et sincère, il ne leur appartient plus tout à fait.

Il est exposé, commenté, analysé. Chacun y va de son avis, de ses jugements, comme si l'amour était un spectacle dont le public aurait le droit de réécrire le script. On vit sous les projecteurs d'un monde qui ne croit plus en ce qu'il ne peut pas mesurer.

Alors, aimer devient un acte de rébellion.

Je me rebelle. Je veux aimer.

En résumé, le bonheur tient en peu de choses pour moi : la famille, l'amour, les doux souvenirs, la paix et l'exaltation. Ces choses simples de la vie, qui sont pourtant si difficiles à acquérir, et encore plus à garder. Le bonheur peut avoir de multiples définitions, mais il est essentiel qu'il résonne en toi comme une évidence, qu'il soit un besoin absolu comme le poisson a besoin d'eau pour survivre. Le bonheur est un état, durable ou éphémère, mais il peut changer et évoluer au gré du temps et des choix que tu feras. Tu es la source de ton bonheur, alors réfère-toi à ta nature profonde. Il est temps de te poser les bonnes questions.

QUIZZ

Est-ce que je mérite le bonheur ?

Questionnaire introspectif à faire en douceur, seul·e, en prenant le temps. Note chaque réponse spontanément, sans trop réfléchir. Puis lis l'analyse à la fin.

1. Quand je vis quelque chose de beau, j'ai tendance à :

A. Me demander si ça va durer, si je ne vais pas le perdre.

B. Le savourer pleinement, même si ça me fait un peu peur.

C. Culpabiliser un peu : Est-ce que je l'ai vraiment mérité ?

D. L'accueillir sans y penser, comme quelque chose de naturel.

2. Quand quelqu'un me dit que je suis une belle personne :

A. Je souris, mais je doute intérieurement.

B. Je le crois un peu, selon les jours.

C. Je réponds par une blague ou je change de sujet.

D. Je le ressens profondément, même si ça m'émeut.

3. Dans mon enfance, j'ai ressenti que le bonheur :

A. Appartenait aux autres, pas à moi.

B. Était fragile, je devais faire attention.

C. Arrivait quand je faisais « ce qu'il faut ».

D. Était possible, même au milieu des difficultés.

4. Quand je souffre, je pense que :

A. C'est normal, que c'est souvent comme ça pour moi.

B. Ça finira bien par passer.

C. Je dois faire mieux, que j'ai dû rater quelque chose.

D. J'ai le droit d'aller mal et de me soutenir avec tendresse.

5. En amour ou en amitié, quand on m'aime fort, je :

A. Me demande pourquoi on m'aime autant.

B. Savoure, mais je garde un peu de distance au cas où.

C. Me demande ce qu'on attend de moi en retour.

D. Me laisse aimer, même si ça fait remonter des émotions.

6. Ce que je me dis quand je suis heureux.se :

A. Ça ne va pas durer.

B. Profite tant que c'est là.

C. Attention à ne pas le gâcher.

D. Merci, je mérite aussi ce bonheur.

aujourd'hui.

7. Quand je vois quelqu'un rayonner de joie, je pense :

A. Il a de la chance, ce n'est pas pour tout le monde.

B. J'aimerais ressentir ça aussi.

C. Moi aussi je pourrais,, mais je ne sais pas comment.

D. C'est beau, et moi aussi je peux en être capable.

8. Quand je pense à « être heureux.se », j'imagine :

A. Un idéal lointain, presque irréel.

B. Un équilibre fragile, mais possible.

C. Quelque chose qu'il faut mériter ou travailler dur.

D. Un état d'être que j'ai déjà touché,
et que je peux retrouver.

j'ai encore espoir aujourd'hui.

NON !!

9. Si je m'écoutais vraiment, je dirais que je mérite :

A. Juste d'être tranquille, pas plus.

B. Un peu plus que ce que j'ai, peut-être.

C. Le bonheur... mais pas tout le temps.

D. D'être aimé.e, libre et profondément vivant.e.

10. Ce que je dirais à mon « moi » enfant aujourd'hui, c'est :

A. Désolé.e de ne pas avoir pu t'offrir mieux.

B. Tu n'as pas à porter tout ça.

C. Tu es fort.e, tu mérites qu'on t'aime pour qui tu es.

D. Tu mérites la lumière, la joie et la douceur sans condition.

Instant présent !

Résultat et invitation

Ce questionnaire n'a pas de score. Ce n'est pas un test à réussir. C'est un miroir.

Majorité de A ou de C

Peut-être qu'une part de toi pense qu'il faut souffrir pour avoir le droit d'être heureux.se.

Peut-être que tu crois que la joie, c'est pour « plus tard », « pour les autres ». Pourtant, sache que toi aussi tu mérites le bonheur et qu'un jour tu t'apercevras de ta valeur, et à quel point ton cœur est pur ! Ça commence maintenant.

Majorité de B

Tu es peut-être entre deux mondes : tu sais que tu as droit à la joie, mais il y a encore des peurs, des réflexes, des blessures. Il est grand temps de laisser au passé ce qui lui appartient et d'avancer avec curiosité et confiance vers le bonheur que tu mérites.

Majorité de D

Et si tu as répondu souvent D, alors tu portes déjà cette conscience précieuse : celle que la joie n'est pas un privilège, mais une respiration naturelle de l'âme.

Quel que soit ton chemin, tu peux te poser cette question, ici et maintenant : Qu'est-ce qui, en moi, croit que je ne mérite pas encore d'être heureux.se ? Et complète ce simple tableau, si tu en as envie, pour te situer.

Je mérite le bonheur	Je ne mérite pas le bonheur

Arrête tes bêtises : tu le mérites, un point c'est tout !

Et enfin, je t'invite à écrire quelques lignes qui décrivent le bonheur selon toi. Cela peut être un souvenir, un rêve, une projection du futur, une sensation, une personne... Décris une ou plusieurs définitions de la joie, tu verras que cela t'aidera à te guider quotidiennement.

La voix de mes abonnés

Tu trouveras ici les témoignages, techniques et mots d'encouragement de mes abonnés Instagram. Je t'invite à les lire le plus souvent possible pour te charger d'énergie positive, pour t'apercevoir que tu n'es pas seul dans ta situation et pour ne pas oublier à quel point tes rêves méritent que tu te battes.

Entoure en rouge les phrases qui résonnent en toi et essaie de les lire au moins trois ou quatre fois cette semaine. Imprègne-toi de cette énergie positive et n'oublie jamais que ta force est dans l'unité.

Comment atteindre le bonheur ?

Vivre pour soi

En se battant chaque jour jusqu'à y parvenir

En étant en paix avec soi-même ✨ beaucoup de douceur et de tolérance ☁️

Avec énormément d'argent!

En attendant rien de personne

S'entourer des meilleures âmes uniquement 🧡

En écoutant #Carladecoignac bien sûr

Oser

En le minimisant (le bonheur est un instant et non un but à atteindre)

Aimer

Vivre pour soi, vivre comme si c'était le dernier jour, vivre tout court 🦋

C'est quoi, le bonheur ?

Le bonheur c'est le sourire intérieur. Un alignement.

La famille et les amis

C'est une pause entre 2 trucs qui se passe mal

L'incendie de ma maison cumulé à la perte de mon travail , repart à zéro, c'est pas le bon chemin ❤️

C'est quand toutes les voix qu'on a dans la tête s'organisent ou arrête de parler.

Un jambon beurre au soleil

Se lever chaque matin !

La rencontre avec soi même

Un sentiment que l'on cherche à atteindre en permanence

Être libre dans sa tête et profiter du moment présent

Se sentir compris, accueillir et être accueilli

Se lever chaque matin !

C est mes enfants ❤️

Se sentir à ma place, même dans l'incertitude.

L'insouciance

C'est de pouvoir danser

Se soucier de rien !

à retenir !

Pourquoi le cerveau retient-il plus le négatif que le positif ?

Parce qu'on a peur d'être déçu ou blessé? Du coup on projette le négatif pour se protéger?

Pour ne pas oublier à quel point nous sommes forts d'avoir survécu

Parce qu'on a peur d'être déçu ou blessé? Du coup on projette le négatif pour se protéger?

Prsk on est des gogole et un on voit tt a l'envers

C'est le mode survie de l'espèce?

RAHAAAAH

Il se sent vivant en ayant des choses à améliorer ? ❤️🥲

Car si tu atteints trop tôt le bonheur tu vivras dans les regrets. Sacré paradoxe

Que dirais-tu à quelqu'un qui pense ne pas mériter d'être heureux.se » ?

Que je le comprends

Tu le mérites tellement, regarde le nombre de personnes que tu as aidé rien qu'en leurs souriant

Essaye

Qu'il à tort

Et pourtant, le bonheur te va si bien.

nate.zdn

Soit indulgent avec toi-même, on fait parfois des erreurs, mais on apprend et on s'améliore ensuite

Tu devrais écouter Carla de Coignac

Oser

Tu mérites ce que tu t'autorise. Il n'y a que toi qui peux choisir et définir ce que tu mérites ❤️

Ce n'est pas une question de mérite mais de perspective ❤️

Youpiii !

MA CRÉATION

Les mots imposés par mes abonnés sont en gras italiques.

INTIME – Le bonheur

Sous un ***soleil, idéale chaleur***
Une ***pastille de joie***
Brille dans mon ***cœur***
Épanoui quand ***la vie***, c'est ***l'amour***
Et ***l'euphorie*** des ***amis***
Que l'on sait ***savourer***

C'est ça, la ***paix***

C'est une ***chance*** que l'on peut ***trouver***
Dans la ***jouissance*** de la ***stabilité***
Dans un ***regard*** ou un coup du ***hasard***
Pour le ***ressentir***, il faut voir
La ***lumière***
Même ***éphémère***

Il faut ***vivre*** (il est là, le bonheur)
Dans chaque ***sourire*** (il est là, le bonheur d'être libre)
Être ***libre***
De tout ***ressentir***
Je n'ai plus peur du bonheur

TA CRÉATION

À ton tour ! Tente de faire ton propre texte avec les mêmes mots imposés que moi. Tu n'es pas obligé.e de tous les inclure.

N'oublie pas qu'il n'y a aucun style à respecter, tu es totalement libre de créer. Fais-toi surtout du bien, cherche au fond de toi les choses que tu aimerais dire sur le thème du bonheur. Tu peux écrire sous forme de lettre, de poème, de chanson, de petites notes... Pour t'aider un peu, pose-toi ces questions : À qui je m'adresse ? (Moi-même, famille, amis, amour...). Je te conseille de t'écrire à toi-même pour ce thème... Quelle est l'émotion principale que je veux retranscrire ? Quelles sont les images que je vois en pensant à ce thème ? Qu'est-ce que j'ai besoin de dire ? Comment je vois le bonheur ?

aujourd'hui.

j'ai encore espoir aujourd'hui.

Mots imposés : soleil, idéale, chaleur, pastille de joie, cœur, épanoui, la vie, l'amour, euphorie, amis, savourer, paix, chance, trouver, jouissance, stabilité, regard, hasard, ressentir, lumière, éphémère, vivre, sourire, libre, ressentir.

CHAPITRE 6

L'hyper-*sensibilité*

PREFACE.
muſt needs be frequently making Solecifms, falſe
Concord, and betraying his Ignorance upon the moſt
a 3

T'étais seule dans ton lit il y a quelque temps, je m'en rappelle. Tu pensais que la vie serait un combat éternel, et t'avais peur de tout et peur de vivre, jusqu'à crever. Tu restais dans ton trou en pensant que ça te sauverait. Et puis, t'as écouté, au fond de toi celle qui hurlait, qui depuis des années espérait te voir changer. T'as supprimé la peur, attiré la richesse, en apprenant par cœur ce cri en toi qui se confesse.

« De moi à moi », extrait de ma chanson *Confession*

On a déjà tellement dit, tellement écrit, sur les émotions fulgurantes – ces lames fines et brillantes qui transpercent le cœur sans prévenir, laissant derrière elles une douleur à vif, gravée dans la chair comme dans l'âme. Une peine si tranchante qu'elle fragilise les contours de l'être, tout en forgeant, à même les cicatrices, une étrange force insoupçonnée, inespérée.

L'empathie exacerbée, qui noie, sous les dizaines de milliers de larmes que les autres ont versées, cette marée silencieuse qui nous submerge sous la peine de celles et ceux qui n'ont pas su la supporter. Une inondation d'émotions empruntées, absorbées, vécues mille fois par procuration, comme si chaque douleur étrangère devenait la nôtre.

Et cette hypersensibilité aux sons, aux odeurs, aux infimes vibrations du monde, qu'on dirait soufflée par une déesse au cœur brisé, une malédiction jetée sur celles et ceux qui ressentent plus qu'elle ne l'a jamais pu.

Je ne pense pas avoir à apporter davantage, en revanche j'aimerais simplement témoigner, en écho aux nombreuses questions et remises en question qui me traversent l'esprit quotidiennement, selon les situations et les circonstances, atténuantes ou aggravantes.

Il y a tant de moments où les autres vacillent à peine, alors que moi je m'effondre et que je suis engloutie par un tourbillon d'émotions et de doutes, trop fort pour lutter, trop imprévisible pour l'éviter et trop sauvage pour l'apprivoiser. Une tempête à la fois brûlante et glacée, qui pétrifie mon corps et lacère mon cœur de mille lames et qui reviendra si vite qu'aucune des plaies n'aura eu le temps de cicatriser.

Pour moi, l'hypersensibilité, c'est ça : des plaies ouvertes dans lesquelles poussent des fleurs. Magnifiques. Fragiles. Éphémères. Des fleurs qui bourgeonnent à chaque éclair d'émotion, puis se fanent, laissant place à la douleur… avant de renaître encore. Une danse infinie entre la beauté et la brûlure. Une manière d'exister en lumière vive, là où d'autres avancent dans la pénombre.

Alors, voici mon quotidien exposé à travers l'amour et l'amitié, qui sont à mon sens les deux contextes de vie les plus pollués par l'hypersensibilité si elle n'est pas apprivoisée. Ces lignes te permettront peut-être de comprendre les cœurs fleuris ou de t'y retrouver et t'apercevoir que tu n'es pas seul.e.

En amour

Il a fallu presque huit ans de relation pour trouver enfin un équilibre propice à l'épanouissement naturel de mon couple. Des années d'incompréhension, de lutte acharnée pour tenter de faire comprendre ce que j'étais, ce que je ressentais, pour trouver les mots justes qui reflètent avec cohérence la tempête d'émotions qui me traverse chaque jour, chaque minute, chaque seconde.

Au début, je pensais que j'étais folle. Que je ressentais des choses anormales, que je n'étais qu'une capricieuse avec un besoin toxique de mettre en avant mes émotions et de revendiquer mes souffrances, ou bien que le traumatisme de la mort de ma mère m'avait trop déréglée sans que je ne m'en aperçoive, qu'il avait laissé une plaie trop importante pour qu'elle puisse se refermer, et que j'en faisais subir les conséquences à quiconque entrait dans ma vie pour m'aimer.

Je tiens à préciser que toutes ces élucubrations ne sont que le fruit de mon imaginaire, j'en suis l'unique responsable. Mathieu, lui, n'a jamais supposé que j'étais déréglée, bizarre ou névrosée. Il a cherché à comprendre, avançant de manière précautionneuse, stratégique et coordonnée comme un soldat progresse dans un *no man's land* avec ses propres blessures, son matériel lourd sur les épaules et ses ressources limitées qui ne lui permettent pas de tout surmonter. Et puis, c'est un homme.

Il n'avait pas de mode d'emploi. Moi non plus. Nous étions deux fleurs sauvages qui poussent côte à côte, dans un sol incertain, sous des lumières capricieuses. Aucune main experte pour nous guider, aucun jardinier pour nous expliquer comment croître sans s'étouffer, comment orienter nos racines pour cohabiter sans se priver d'air ni de lumière. Nous avons dû apprendre seuls, comme on apprend à survivre en

J'ai encore espoir aujourd'hui.

terrain vierge, à laisser de la place à l'autre sans faner soi-même, à pencher, à plier, mais à ne jamais rompre. Parfois, le vent nous renversait. Parfois, l'un prenait trop de place. Mais au fil du temps, on a compris comment pousser ensemble, à l'instinct, en tâtonnant, avec la tendresse maladroite de celles et ceux qui veulent bien faire, même s'ils ou elles ne savent pas comment.

Heureusement, nous sommes des artistes. Et l'art est notre refuge. C'est notre façon de respirer quand tout semble trop étroit. Ce que nous vivons est souvent grandiloquent, drôle, absurde. C'est intense, toujours. Parfois trop. Trop fort, trop flou, trop tout. Comme une scène de film d'auteur, avec des répliques pleines de sens, criées sous la pluie, avec des silences poignants et des regards qui parlent plus que des mots. Un film qu'on adore regarder à l'écran, mais qu'on n'imagine pas vraiment vivre au quotidien. Et pourtant, notre quotidien, c'est ça. Un terrain de jeu infini. Un territoire mouvant, parfois piégé, où l'on avance main dans la main avec une curiosité insatiable. Celle qui implique que, malgré la fatigue, malgré les tempêtes, on ne décroche pas. On veut savoir ce qui se dissimule derrière la prochaine scène, la prochaine émotion, la prochaine peur à apprivoiser.

Ce qui nous a sauvés de la rupture ? Ce n'est pas une formule magique, mais une succession de petites choses : l'intérêt, l'appétit d'apprendre et de comprendre, l'esprit de recherche, le goût pour l'inconnu, une communication tantôt

trop intense, tantôt maladroite, mais toujours sincère. Et surtout, l'amour. Ce ciment qu'on a appris à malaxer à deux, avec des mains tremblantes, mais toujours ouvertes.

Après sept années passées à déchiffrer, à ajuster, à aimer mieux, on s'est dit qu'on ne voulait pas garder tout ça pour nous. Alors, si toi aussi tu vis avec une personne hypersensible – ou que tu l'es toi-même –, voici quelques repères que nous avons découverts en chemin.

1. Lors d'une dispute, reste. Même si tout en toi crie de fuir, même si tu as l'impression que tout tourne en rond, ne pars pas avant que l'autre ait pu dire ce qu'il ou elle avait sur le cœur. Pour une personne hypersensible, ne pas être écoutée jusqu'au bout peut être vécu comme un abandon. Et ce sentiment-là laisse des traces profondes.
2. Essaie de repérer les mots ou les phrases qui déclenchent une réaction démesurée, une douleur immédiate. Ce sont souvent des points de non-retour émotionnel. Une fois identifiés, prenez le temps d'en parler. Essayez de comprendre pourquoi ces mots résonnent si fort, et tentez ensemble de les désamorcer, de leur ôter leur pouvoir.
3. Inventez un mot de secours. Un mot absurde, inattendu, qui peut surgir en cas de crise, pour appuyer sur

pause, permettre à la tension de redescendre et se rappeler que vous êtes du même côté. Le nôtre, c'est « lait d'amande ». Ce mot est un sourire, un code secret. Il nous permet de ne pas aller trop loin, de désamorcer avant la casse, avant l'explosion.

4. N'utilise jamais les blessures passées comme une excuse ou une arme. Même sur le ton de l'humour. Ce sont des territoires sacrés. Traverser les traumatismes demande déjà une énergie folle ; les voir utilisés contre soi est une violence qui peut briser la confiance en un instant.

5. Parfois, une simple phrase suffit à changer l'atmosphère : « Je te comprends. »

6. Tu n'as pas besoin d'être d'accord, ni de ressentir les choses de la même manière. Mais reconnaître ce que l'autre traverse, sans minimiser, sans juger, c'est lui offrir un espace sûr, et sécurisé.

7. Parlez. Surtout en dehors des conflits. Demande-lui ce qu'il ou elle ressent. Vraiment. Et écoute. Ne cherche pas à tout résoudre tout de suite. Écoute pour comprendre, pas pour répondre.

8. Cherchez des solutions ensemble. Ne prends pas tout sur tes épaules, ne décide pas seul de ce qu'il faudrait changer. Propose, demande, ajuste à deux. L'hypersensibilité n'est pas une fragilité à porter, c'est un langage à traduire ensemble.

9. Et évite de souligner vos différences. Il ou elle les connaît déjà. Vivre en décalage est une sensation familière pour une personne hypersensible. Ce dont elle a besoin, c'est d'être accueillie, pas d'être davantage mise à part.

L'essentiel est de réaliser que cette personne ne fonctionne pas comme toi. Elle réagit à des stimuli que tu ne perçois peut-être même pas. Elle ressent avant de comprendre. Elle pressent avant de pouvoir expliquer. Cela ne fait pas d'elle une victime, ni une personne malade. L'hypersensibilité n'est pas une pathologie. Elle ne justifie pas tous les comportements, mais elle les explique. Et comprendre, c'est déjà commencer à aimer mieux.

Le but n'est pas de tout harmoniser à tout prix, mais de construire un équilibre cohérent, un terrain d'entente mouvant, mais vivant, où chacun peut exprimer ses besoins.

C'est cette démarche-là, patiente, parfois laborieuse, mais profondément humaine, qui finit par souder les âmes. Pas dans la perfection, mais avec la volonté partagée d'avancer ensemble.

Et c'est déjà une forme de victoire.

En amitié

J'ai peu d'amis.

Pas par snobisme ou par choix, mais parce que, dans le grand bal masqué des interactions sociales, j'ai toujours eu deux pieds gauches et un masque à l'envers. Les codes me filent entre les doigts comme le sable des plages paradisiaques qu'on tente de retenir au creux des mains. C'est comme essayer d'attraper de la fumée, essayer d'attraper de la fumée avec les mains… Les sourires de politesse, les silences gênés et gênants, les subtils jeux de rôle mal interprétés, les questions dont personne, en profondeur, n'attend réellement la réponse…

J'ai appris le social grâce à mes deux sœurs. Je les suivais en soirée et je m'imprégnais de leur manière d'agir avec un désir dévorant d'y parvenir un jour. Après avoir dit bonjour, elles parlent de leur trajet jusqu'ici, puis enchaînent sur une anecdote, ce qui amène l'interlocuteur à rebondir sur un événement similaire, et la conversation se déroule naturellement. Je suis arrivée dans cette vie avec un manuel incomplet et, visiblement, sans la mise à jour nécessaire pour comprendre ce que les autres appellent normalité, mais, je tiens à te rassurer, je n'en suis plus là, le social est devenu bien plus naturel pour moi. Et j'en suis bien plus heureuse !

Mais il y a cette vieille fracture, celle que je ne montre plus trop, mais qui tiraille quand il pleut à l'intérieur. Cette fameuse plaie ouverte dans laquelle des fleurs ont poussé, qui ne s'est toujours pas refermée. Celle qui date du lycée, époque où mes rires étaient rares, mes nuits trop longues et mes matins trop lourds. Je n'allais plus bien, et mon cercle d'amies m'a tourné le dos du jour au lendemain en ne me laissant qu'une phrase d'une sincérité brutale que je n'oublierai jamais : « Tu es trop déprimée pour nous, ton malheur déteint sur notre bonheur. »

On dit que certaines phrases vous arrachent un bout d'âme. Celle-ci a fait bien plus : elle a redessiné mes frontières, m'a tirée brusquement de mon monde idéal pour me plonger dans une réalité dont personne ne voudrait, elle a creusé une tranchée entre moi et le mot confiance.

Je serais de mauvaise foi, ce qui peut m'arriver, si je disais ne pas comprendre le fond, l'idée de ne pas s'oublier dans le malheur de l'autre, de ne pas se laisser aspirer par la détresse. Mais je ne peux m'empêcher de trouver, encore aujourd'hui, la forme profondément injuste, infiniment cruelle.

Depuis, je regarde avec une fascination mêlée d'envie celles et ceux qui savent se choisir, sans trembler, instinctivement. Qui savent dire « non », tracer des lignes définies, couper les fils qui les tirent vers le bas sans les regretter, comprendre qu'un ballon ne s'envole que dans la mesure où il n'est retenu par rien ni personne. Quel luxe que l'égoïsme !

Je parle du vrai, du noble : celui qui dit « je me choisis sans fracas, sans justification, sans peur de déplaire ». Celui qui se vit sans culpabilité, sans crainte des potentiels dommages collatéraux. Moi, j'en suis encore à calculer les éclaboussures émotionnelles de la moindre de mes décisions. Mais j'apprends : se choisir, c'est sans doute décevoir, mais c'est primordial.

Je ressens tout, trop, partout, tout le temps. Les silences, les regards, les humeurs même passagères. Et surtout : la peine des autres. Comme une éponge desséchée qui ne parvient pas à se réhydrater alors même que des centaines de litres d'eau la noient chaque jour. Alors forcément, en amitié, ça fait des étincelles.

Mais avec le temps, j'apprends. J'apprivoise cette sensibilité comme on apprivoise une bête magnifique et sauvage. Je découvre qu'il est possible d'aimer profondément sans se noyer. Je comprends qu'on peut être un refuge sans être une béquille, un phare sans être une centrale électrique. J'apprends que ne pas répondre tout de suite ne fait pas de moi une mauvaise amie. Que me choisir, parfois, c'est aussi leur permettre de me garder entière.

Alors oui, j'ai peu d'amis. Mais celles et ceux qui sont là m'aiment pour ce que je suis. Pour ma tendresse sans filtre, mon obsession pour l'authenticité, ma sincérité sans borne, mon regard qui capte l'invisible, ma loyauté incommensurable. Ils savent que je les accueille sans condition, mais que je ne m'y perds plus. J'ai cessé d'être partout. Je choisis.

Je dose. Je me garde un peu pour moi. Et ces quelques-là, ces rares, ces précieux, ils sont ma fortune. Pas en nombre. En intensité. Pas en présence constante. En présence juste. Pas en promesses. En vérité(s).

L'hypersensibilité est une force lorsqu'on apprend à l'accueillir telle quelle.

Et puis il y a ce moment. Ce moment où l'on cesse de vouloir corriger ce que l'on est. Où l'on comprend que l'hypersensibilité n'est pas un défaut de fabrication, mais une manière singulière d'être au monde, un prisme qui colore tout plus fort, plus grand, plus vrai.

Ce moment où l'on cesse de vouloir être « moins » : moins intense, moins affecté, moins fragile, pour commencer à être pleinement. Pleinement vivant.e. Pleinement vibrant.e. Pleinement soi.

Ce chapitre n'est pas une explication. C'est une main tendue. Une tentative pour dire : voilà ce que ça fait, parfois, d'exister avec la peau à vif. Ce n'est pas toujours facile. Ce n'est pas toujours beau. Mais c'est profondément humain.

Alors, si tu te reconnais dans ces lignes, même à moitié, même du bout des doigts, sache que cette sensibilité que tu crois devoir cacher est peut-être ce que le monde a de plus urgent à entendre. Elle n'est pas une faiblesse. C'est une lumière. Brûlante, oui. Mais une lumière quand même.

Et si tu ne t'y reconnais pas, peut-être qu'elle t'aidera simplement à aimer mieux. À comprendre autrement ces cœurs fleuris qui se débattent tant bien que mal avec leurs propres épines. Parce que parfois, comprendre suffit à ouvrir un espace. Et cet espace, c'est déjà un refuge qui peut faire avancer tellement de choses.

Voilà.

Je n'ai rien à prouver. Rien à conclure.

Juste ça : je ressens fort. Et je ne m'en excuse plus.

Mon cœur fleurira éternellement, et c'est une fierté absolue.

Je ne vais pas te proposer un petit quizz pour savoir si tu es hypersensible ou pas. Parce que, pour moi, l'hypersensibilité ne se diagnostique pas, elle se ressent.

Si tu te considères comme une personne hypersensible : réjouis-toi. Et si ce n'est pas ton cas : réjouis-toi aussi.

C'est fou comme on peut être bien sans avoir besoin de coller d'étiquettes sur tout.

Cela dit, si j'ai envie de finir ce livre sur une note un peu pratique, c'est parce que j'ai envie de partager avec toi ce que mon hypersensibilité m'a permis de créer, en l'occurrence : des chansons.

Je ne prétends pas t'apprendre quoi que ce soit. Je ne suis ni prof de musique, ni génie torturé, ni la réincarnation de Barbara. Mais j'écris des chansons, et avec le temps, j'ai remarqué que certaines choses revenaient. Des étapes, des intuitions, des repères.

Alors, les voilà. Mes humbles techniques pour écrire une chanson à partir de ce que l'on ressent. Il y a, selon moi, quatre grandes étapes : trouver un thème, choisir un angle, poser un refrain et travailler la mélodie.

Pour écrire une chanson

Le thème

Tout part de là. D'un truc qui te remue. Et attention : ça n'implique pas forcément un événement dramatique ou une révélation philosophique. Parfois, un thème, c'est juste une pensée qui revient souvent. Une petite obsession. Un fil qui se coince dans le cerveau et que tu tires, sans trop savoir pourquoi.

Alors demande-toi : Qu'est-ce qui me hante un peu en ce moment ? C'est ce sujet-là que tu devrais creuser. Celui qui surgit dans les moments de joie, comme pour dire « coucou, je suis encore là ! » Celui qui te tient éveillé·e à 3 heures du matin alors que tu voulais juste dormir, ou qui surgit pendant un trajet de métro, entre deux stations.

Tu peux aussi emprunter des thèmes à celles et ceux qui t'entourent. Parler des autres, cela peut être une façon plus douce de parler de soi lorsque l'on est pudique. Une rupture chez des amis, un conflit familial, la maladie d'un proche, une conversation étrange entendue dans un café… Tout est matière à thème, si tu sais tendre l'oreille et écouter ce que ça provoque en toi.

Et si vraiment t'es en panne, tu peux toujours aller piocher dans les grandes tendances du moment. Les réseaux, la télé, les débats de société, tout ça. Mais garde en tête que plus un thème est personnel, plus la chanson aura de chances de toucher quelqu'un d'autre. Parce que ce qui vient du cœur, en général, finit par en toucher un autre.

L'angle d'attaque

Une fois ton thème trouvé, il faut l'aborder. Et là, il y a mille chemins possibles.

Disons que tu veux parler d'amour. Tu peux raconter ton histoire. Ou celle d'un.e ami.e.

Tu peux parler de l'amour heureux, de l'amour qui fait peur, de celui qui manque, de celui qu'on croit avoir perdu,

ou de celui qu'on n'ose même pas nommer. Tu peux même écrire une chanson sur quelqu'un qui n'arrive pas à aimer.

Choisir un angle, c'est comme décider d'où tu vas regarder le paysage. Tu choisis ta place dans la scène : Est-ce que tu parles en « je », en « tu », en « il », en « on » ? Est-ce que tu racontes, est-ce que tu observes, est-ce que tu cries, est-ce que tu chuchotes ? Ce choix va te guider dans toute l'écriture.

Commence alors ton couplet dans cette direction, mais fais-le en douceur. Ne dis pas tout d'un coup. Laisse planer un peu de mystère. J'aime bien que l'auditeur ou l'auditrice ne sache pas tout de suite de quoi je parle. Tu peux poser des images, des sensations, une ambiance. Et faire apparaître le thème en fin de premier couplet, par exemple. Comme une porte qui s'ouvre tendrement.

Le refrain

Le refrain, c'est le cœur. Le point d'ancrage. C'est là où tu résumes, où tu nommes, où tu assumes. Une fois que tes couplets ont semé des indices, le refrain vient éclairer le propos. C'est lui qui exprime clairement ce que tu veux dire.

Pas besoin qu'il soit complexe. Il doit simplement sonner juste. Demande-toi : Qu'est-ce que j'ai envie qu'on retienne ? Quelle phrase pourrait-on chanter ensemble à la fin du morceau ? Quel sentiment, quelle idée, quelle émotion je veux graver ici ? Parfois, c'est une punchline. Parfois, c'est une confession. Parfois, c'est une phrase simple, mais dite au bon moment, sur la bonne note. Fais en sorte que ce soit évident, mais pas lourd. Et surtout, qu'on sente pourquoi tu l'as écrit.

La mélodie

Ah, la fameuse ! Souvent, elle décide de tout. Et parfois, elle te fuit. Mais en réalité, la mélodie est une histoire d'émotion. Ferme les yeux. Pense à ton thème. Visualise. Vois des images, ressens des couleurs, imagine une météo intérieure. Est-ce que c'est lourd ? Léger ? Lent ? Brisé ? En suspension ?

À partir de là, laisse venir les sons. Les notes qui correspondent à ton ressenti. Tu peux choisir une mélodie qui épouse parfaitement l'émotion du texte. Ou, au contraire, qui prend le contre-pied.

Par exemple : un texte triste sur une mélodie dansante. Ça crée un contraste qui peut être bouleversant.

L'important : que ça sonne vrai. Que ça résonne avec toi.

La vraie magie d'une chanson, c'est quand il existe une cohérence intérieure entre les paroles, la mélodie, le rythme, l'intention. Quand tout semble découler naturellement du même endroit. Et cet endroit, c'est ta sensibilité. Ton instinct. Ce truc un peu flou, mais précieux, qui sait avant toi ce que tu veux dire.

Voilà mes quelques pistes. Rien d'universel. Juste des balises que j'ai posées au fil du temps. J'espère qu'elles te serviront à écrire une chanson qui te ressemble. Ou plusieurs. Tu peux t'entraîner avec des instrumentales libres de droits sur YouTube, en tapant « *Type Beat* ».

Lance-toi. Ose. Essaie. Échoue. Recommence.

J'ai été enchantée de te partager quelques morceaux de ma vie. J'espère que ce livre t'a apporté quelque chose, parce que c'est l'unique raison pour laquelle je l'ai écrit.

Carla.

La voix de mes abonnés

Tu trouveras ici les témoignages, techniques et mots d'encouragement de mes abonnés Instagram. Je t'invite à les lire le plus souvent possible pour te charger d'énergie positive, pour t'apercevoir que tu n'es pas seul dans ta situation et pour ne pas oublier à quel point tes rêves méritent que tu te battes.

Entoure en rouge les phrases qui résonnent en toi et essaie de les lire au moins trois ou quatre fois cette semaine. Imprègne-toi de cette énergie positive et n'oublie jamais que ta force est dans l'unité.

C'est quoi être hypersensible ?

C'est de ressentir tout intensément. La joie comme la tristesse.

Pleurer

C'est ne pas savoir si il faut être triste ou heureux après avoir gagné au loto

C'est vivre les choses à travers un fuseau d'intensité et de profondeur

Avoir le cœur au bord des yeux

Ce qui érafle les autres me déchire 🥺❤️‍🩹

Ne pas être compris, pris au sérieux

Être vrai

Comment vivre avec son hypersensibilité ?

Oser prendre le temps d'être un.peu égoïste pour se faire plaisir à soi même

La respiration m'a fait beaucoup de bien

Ce faire confiance, allez toujours de l' avant, ne pas avoir de regret, s'accepter, prendre sur soi.

L'accepter. Ça paraît simple mais je pense que c'est le travail d'une vie. ✨

C'est dure, il faut savoir lâche tous le trop pleins d'émotion qu'on a, Sinon on pleure devan des pubs

Toujours prendre du temps pour s'isoler et se ressourcer. 🧡

jolou62

Savoir dire non

Pas sûre d'y arriver tous les jours malheureusement... Mais sinon, en se faisant aider, bcp bcp ✨

Communiquer avec ses proches, l'expliquer

Je transforme ce qui en résulte. Positif ou négatif j'essaye de créer autour 💗👥

Accueillir l'émotion 🌈

Quels en sont les avantages ?

Semer de l'espoir pour refaire fleurir le monde. 😊🎶

Esprit d'analyse

Pouvoir mieux comprendre les émotions de nos proches ❤️

Le sentiment d'être en vie. Et je me sens + connecté aux gens à ce qui m'entoure, je les comprends mieux

On apprécie mieux les petits bonheurs , plus réceptifs au simple ☀️

Tu es une fresque du monde. Alors il n'y a rien de plus puissant pour parler au monde.

Ce qui érafle les autres me déchire 🥺❤️‍🩹

On comprend le monde 🌸

Sentir l'énergie des gens (bon /mauvais) et empathie ++

j'ai ~~[illegible]~~ espoir encore aujourd'hui.

MA CRÉATION

Les mots imposés par mes abonnés sont en gras italiques.

INTIME – L'hypersensibilité

Submergée par mes ***émotions***
J'pourrais ***pleurer*** pour un ***frisson***
Pour moi ***aimer*** c'est l'***explosion***
Et ***trop penser*** c'est ***dépression***
Je ressens ***trop***, c'est ***épuisant***
À fleur de peau comme une ***enfant***
Mon seul ***repos*** c'est l'isolement
J'suis ***surchargée*** de ***sentiments***.

Je peux ***percevoir*** dans ton ***cœur***
La ***colère noire*** et la ***douleur***
C'est comme un ***nuage*** qui ***pleure***
Et ***partage*** ses ***larmes*** à une ***fleur***
La ***fragilité*** fait ***apprendre***
Car c'est un ***don*** de ***s'écouter***
Besoin d'être seule pour ***se comprendre***
Regarder le monde et pleurer.

J'suis trop fragile, trop vulnérable
Trop d'empathie incontrôlable
Je sais pourtant que c'est une ***chance***
Qu'on est grand de ses ***différences***
Mais j'pourrais me ***noyer*** dans l'***espace***
Pour ***apprivoiser*** mon ***angoisse***
Trop ***ressentir*** depuis l'***enfance***
Ça fait ***grandir*** dans la ***souffrance.***

Et je crois en mon ***intuition***
Cette ***force*** d'***énergie unique***
Car c'est dans cette ***vibration***
Que j'ai ***ressenti*** le ***mal du siècle***.

TA CRÉATION

À ton tour ! Tente de faire ton propre texte avec les mêmes mots imposés que moi. Tu n'es pas obligé.e de tous les inclure.

N'oublie pas qu'il n'y a aucun style à respecter, tu es totalement libre de créer. Fais-toi surtout du bien, cherche au fond de toi les choses que tu aimerais dire sur le thème de l'hypersensibilité.

Tu peux écrire sous forme de lettre, de poème, de chanson, de petites notes... Pour t'aider un peu, pose-toi ces questions : À qui je m'adresse ? (Moi-même, famille, amis, amour...). Je te conseille de t'écrire à toi-même pour ce thème... Quelle est l'émotion principale que je veux retranscrire ? Quelles sont les images que je vois en pensant à ce thème ? Qu'est-ce que j'ai besoin de dire ? Comment je vois l'hypersensibilité ?

Cette période était ~~horrible~~ indispensable !!

Mots imposés : submergé, émotion, pleurer, frissons, aimer, explosion, trop penser, dépression, trop, épuisant, à fleur de peau, enfant, repos, isolement, surchargée, sentiments, percevoir, cœur, colère noire, douleur, nuage, pleure, partage, larmes, fleur, fragilité, apprendre, don, s'écouter, besoin d'être seule, se comprendre, regarder le monde et pleurer, j'suis trop fragile, trop vulnérable, empathie, incontrôlable, chance, différence, noyer, espace, apprivoiser, angoisse, ressentir, l'enfance, grandir, souffrance, intuition, force, énergie, unique, vibration, ressenti, mal du siècle.

TON ESPACE DE LIBERTÉ
EXPRIME-TOI !

Table

Achevé d'imprimer par Grafo,
en septembre 2025
Dépôt légal : octobre 2025

Imprimé en Espagne